顶级销售员口才情景训练

— 郑 斌 编著 —

中国纺织出版社

内 容 提 要

当今社会，一个优秀的销售员所能够创造的价值可以说是巨大的，而口才则是决定销售成败的关键因素。本书综合借鉴成功学和心理学等方面知识，从如何开场、提问、处理客户异议、讨价还价、说服购买、促成成交等几个方面介绍顶级销售员需要的实战口才技巧，并且恰当地加入"情景训练"内容，让读者能够得到全方位的指导，是销售人员提升口才能力所不可或缺的实用指南。

图书在版编目(CIP)数据

顶级销售员口才情景训练 / 郑斌编著. —北京：中国纺织出版社，2016.5（2023.5重印）

ISBN 978-7-5180-2334-9

Ⅰ.①顶… Ⅱ.①郑… Ⅲ.①销售—口才学 Ⅳ.①F713.3②H019

中国版本图书馆 CIP 数据核字(2016)第 026147 号

策划编辑：郝珊珊　　特约编辑：相梦莹　　责任印制：储志伟

中国纺织出版社出版发行

地址：北京市朝阳区百子湾东里 A407 号楼　邮政编码：100124

销售电话：010—67004422　传真：010—87155801

http://www.c-textilep.com

E-mail:faxing@c-textilep.com

中国纺织出版社天猫旗舰店

官方微博 http://weibo.com/2119887771

永清县晔盛亚胶印有限公司印刷　各地新华书店经销

2016年5月第1版　2023年5月第2次印刷

开本：710×1000　1/16　印张：14.5

字数：172千字　定价：68.00元

序言
Preface

我们都知道，人与人之间沟通最主要的媒介就是语言，说话对于任何人来说都是至关重要的一件事。口才训练大师戴尔·卡耐基说过："一个人成功，约有15%取决于专业知识，85%取决于沟通能力——发表自己意见的能力和激发他人热忱的能力。"的确，一个人如果连话都说不好，还能想着去成功吗？

而对于销售来讲，说话也是一件最有力量的武器，要知道，世界上90%的生意都是谈出来的，没有好口才，好的机遇怎会垂青于你？并且，销售人员是靠嘴吃饭的，所以，一名出色的销售人员一定有出色的口才。只有有了出色的口才，才能够让客户感受到你的魅力，才乐意购买你的产品，同时也给客户带来愉悦的享受。

"买卖不成话不到，话语一到卖三俏。"可以毫不夸张地说，销售的成功在很大程度上可以归结为销售人员对口才的合理运用与发挥。

那么，销售员怎样才能会说话、练就一副好口才呢？

任何一个口才好的人并不是天赋异禀，而是通过后天的学习、训练出来的，好口才是一分天才、九分努力的结果。因此，销售口才有其独特的训练方法。

当然，一个出色的销售员，在销售过程中，一般会从开场白的设计、产品介绍、消除异议、谈价还价到最终成交这几个方面来努力，要让客户在开始阶段就对你和你的产品产生兴趣，然后产生购买意向；只有让客户了解产品的价值与优势，客户才不会觉得贵；掌握客户的心理动向，才能找出客户产生异议的原因；在谈判桌上巧用语言的作用，才能为自己和所在集体争取最大的利益。

所以，销售员需要充分了解自己的产品信息，把握客户的心理，然后通过适当的技巧，不断地在实践中锻炼，以提高自己的语言能力。

当然，要想成为一流的销售人员，除了自己的刻苦努力外，最好还有名师指点，正因此，我们编写了这本专门针对销售员的口才训练的书——《顶级销售员口才情景训练》。本书涵盖了电话销售、销售开场、介绍产品、向顾客提问、应对讨价还价、消除异议、应对不同客户、促成交易以及售后用语等方面内容，并且还结合了大量贴近实际的销售事例总结出要点，不管你是一名销售新手还是已经从事销售行业多年，你都能找到适合自己的切实可行的方法，相信你读了本书之后，说服能力将会得到大幅度的提升，进而成为销售精英。

编著者

2016 年 1 月

目录 Contents

第一章

电话生金：如何在电话中顺利约到客户

作为销售人员，自然免不了用电话预约客户，可是，我们往往会遇到一些不尽如人意的情况，使得我们束手无策：客户总是以没时间拒绝见面；客户一问价钱，就以“贵了”为由挂断电话；电话里谈好见面的时间，客户却出尔反尔；客户答应购买，可第二天却选择了其他销售员的产品。究其原因，可能是你没有选对说话的方式。只要你多花一点心思，再多用一点沟通技巧，没有拿不下的客户。

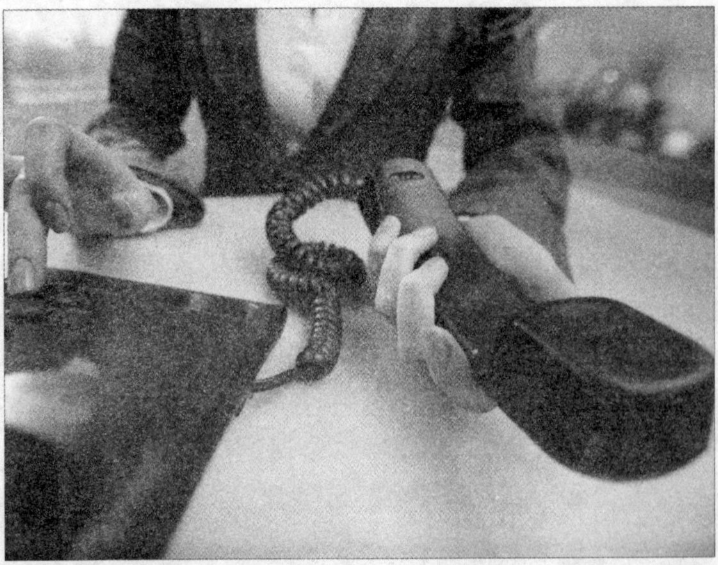

电话沟通中的障碍如何应付

销售员在正式与客户成交之前,出于生意上的往来,很多时候需要和客户通过电话联系,但挡在销售员和客户之间的还有接线员、秘书的询问和盘查,要想直接和客户通话并非易事,销售员要想把电话打进决策层,和客户顺利沟通,就必须绕过这些障碍。

销售情景:

销售员:您好,请帮我找一下老李。

秘书:请问您是哪位,您有预约吗?

销售员:我是王林,我有私人问题要找老李,帮我转接一下。

秘书:请问是什么事,我帮您及时转告。

销售员:如果您能解决老李的私人问题我就告诉您,否则请帮我转接老李。

分析:

情景中,我们可以看出,作为接线员,一般都不敢直接过问上级领导的私人问题,更不敢得罪领导的熟人,而作为销售员,就可以利用接线人员的这一心理,用熟人的口吻、以私事为名要求接线员转接电话,接线员一般不敢阻拦,比如,销售员可以这样说:"小姐,麻烦您帮我转接一下李伟,也就是你们的李经理。我是他老家的亲戚,这是长途,麻烦快一点,谢谢!"

那么,电话沟通中,为什么要绕过电话沟通的障碍呢?因为真正能决策是否购买、能承担购买责任的是对方的负责人,只有找到负责人,才算是沟通的开始,在电话沟通中,尤其是初次沟通,找到你"真正的客户"才是关键。

但很多时候，在找到他们之前，接通电话的往往是秘书或者接线员，当我们一提到“销售”，接线员就会惯性地挂断电话，给我们的销售工作带来麻烦，但是，如果我们略施小计的话，就可能顺利跨过障碍。

那么，销售人员究竟该如何顺利突破这些障碍呢?

1. 有技巧地自报家门

自报家门也要讲究一定的方法，销售员不妨用一些经典的话术开头，这样就可以显示出自己的专业素质和身份地位等，用充足的信心为自己和产品做好宣传，这样可信度也有了提升，比如，你可以这样说：“您好！我是A公司的珠宝设计师，针对我们两家公司合作的事宜，我希望能直接同李总商谈，请帮我转接一下。”

2. 过好“参谋”这一关

在很多企业，秘书的作用绝对不可小看，他们就是决策者和外界接触的直接“关卡”，而且，很多时候，他们充当的是决策者参谋的作用。作为销售员，如果想和决策者顺利通话的话，就绝不能得罪这些参谋，事实上，某些决策者更加容易说话，反而是级别较低的“参谋”非常难缠。要想过参谋这一关，销售员必须学会与他们沟通。在电话接通的时候，销售员一定要给足秘书面子，最重要的是尊重他们，不要因为秘书不是决策者而敷衍了事，要学会有礼貌地寒暄，速度不紧不慢，注意说话的条理性和语气等。

3. 巧妙回电话的策略

“刚才我的手机接到了一个电话，可能是你们王总打给我的，能帮我转一下吗?”也许你的手机从来没有接到过电话，但接线员不敢怠慢，只能帮你把电话接进去，这个方法特别巧妙，用这种方法打给许多企业的总裁秘书，她们一般都防不胜防。因为她的确无法判断你讲的这句话是虚假的还是真实的。当然，这种方法不是百试百灵，因为有些负责任的秘书可能会去追寻负责人的电话是否真的有电话打出去。

4. “私事”法

和情景中的销售员一样，以负责人朋友的身份或者以私事的缘由打电话，接线员一般不敢擅自做主挂断电话。“我找××先生。”销售员这样直接称呼负责人的名字，接线人就会认为，可能××先生是你的好朋友，自然也就不敢过多为难。或许你根本不认识负责人，只是知道该公司的电话等资料，但接线员就会认为，你们是老朋友、老同事、老关系、老业务等关系。

5.“死缠烂打”法

这是一种职业现象，无论哪个行业，似乎秘书总是女性，而女性基本上也有一个特点，易感情用事、心软。只要销售员坚持给秘书打电话，晓之以理，动之以情，不妨死缠烂打，随着电话次数的增多，和秘书关系越来越熟，她便会被你打动，为你转接电话，甚至为你以后的销售工作带来很多益处。

6. 灵活赞美法

每个人都长着爱听赞美语言的耳朵，真诚地赞美别人，会拓宽我们的交往之路，销售中也是如此，学会赞美让我们赢得支持者。可能有些销售员会认为，购买我们产品的是对方的决策人，但在预约客户的时候，只有同接线人搞好关系，才有可能成功与决策人沟通。有时候，我们不妨和接线人套套近乎，赞美一番，以此来获得对方好感。比如，销售员：“你是我见过的最训练有素的接线员了，你的普通话说得也很好，声音很好听，一些播音员都没有你这么有水平呢。”

很多公司因为被一些推销电话困扰，造成了工作中的很多不便，对销售员自然有一些条件性的防备。而对销售员来说，电话预约客户也就有了一定的难度，要找到真正的决策者并不是一件容易的事，但是只要用心，就一定能找到那个最关键的人物。

客户说“没时间”怎么办

很多客户在拒绝销售员时，总会用同样一种借口——“忙”，其实，客户并不一定是真的忙，聪明的销售员会识破客户的借口，并采取一些措施，比如，连环发问。

销售情景：

王伟在一家公关公司担任市场专员，主要负责市场的推广工作，工作中，客户经常以没时间拒绝和他交谈，对于这个难题，他一般在电话中就予以解决了。

一次，他的朋友告诉他A时装公司要办一场下一季的时装秀。王伟心想，这家公司是时装界的新秀，拿下与这家公司的长期合作关系，会对公司效益有很大帮助，自己也多了一个稳定的客源，于是，他赶紧搜集了该公司的很多相关资料，然后设计了几种交谈方式，最终，他拨通了该公司负责人的电话。

王伟："周总您好！"

客户："你好！你是哪位？"

王伟："我是A公关公司的市场专员王伟，您听说过我们公司吗？"

客户："……好像听过，但也不是很清楚，你找我有什么事？"

王伟立刻说道："我听说贵公司马上要办一场下一季的时装秀，是不是？"

客户："嗯，是有这方面的打算，你们消息还真是快啊。"

王伟："周总还真是幽默，可能您知道，我们公司在公关界还是很有地位的，另外，我们有很优秀的策划团队，在活动的策划方面有相当丰富的经验，能帮助贵公司做到最好的宣传效果，您看您这两天什么时候有时间，我们面谈一次好吗？"

客户："真对不住，这些天太忙，没时间啊，秘书已经把我这些天的行程安排得满满的了！"

王伟："没关系，您日理万机，肯定很忙。公关活动最重要的是品牌效应，我们公司在公关界还是有一定声誉的，也成功策划过很多公关活动，贵公司规模这么大,肯定少不了公关活动。我们彼此认识一下,是没有坏处的,而且,您尽可放心,我不会打扰您太多的宝贵时间,给我10分钟就够了,您看,明后天,您哪天能抽出点儿空闲的时间呢?”

客户:“呵呵!你还真会说话,那就后天吧。”

王伟:“您过奖了,请问具体是什么时间呢?”

客户:“上午9点吧。”

王伟:“好的,那我们就后天上午9点见!祝您工作顺心,周总再见!”

客户:“谢谢,再见!”

细心的王伟在挂完电话后,为了让周总加深印象和敲定面谈的事,他给周总发了一条短信:“周总您好!非常感谢您能在百忙之中接听我的电话,祝您工作顺利,心情愉快!顺便确认一下您的地址是:××大厦17楼1701室,见面的时间是:后天上午9点。××公关公司市场专员王伟敬上!”

分析:

在这个销售情景中,市场专员王伟之所以能敲定和周总面谈的事,就是因为他善于运用连环发问的技巧,即使客户说没时间,他也能让客户收回这一借口,那么,我们不妨回味一下,王伟是怎样使用这一技巧的:

1. 开场避免了客户的反感

王伟一句“周总您好”运用得恰到好处:首先,避免了客户的反感。一般情况下,很多销售员为了达到销售目的,一拿起电话,就开始推销,而客户一听这些,便很自然地产生一些规避甚至反感、厌恶的情绪,因此,一般都以没时间为借口,接下来,无论销售员怎样挽回,都很难改变客户的这种负面印象。王伟的聪明之处,就是简单大方的开场让客户感觉亲切自然,避免这一问题的出现。再者,这一问候也起到了确认对方身份的作用。因此,在开场的时候,销售员万不可急功近利,简单、大方的开场即可。

2. 与众不同的自我介绍

可以说,王伟的自我介绍也是与众不同的,通常情况下,人们在自我介绍的时候，总是遵循一定的惯性思维——“我叫什么，是哪个公司的”，而王伟恰恰相反，先介绍自己所在的公司，以公司为背景，无疑给自己的身份“镀了一层金”，客户自然也愿意与一个可信的销售员交谈。同时，这种介绍方式也是谦虚的表现，稍微细心的客户都会对你留下良好的印象。

3. 让客户自己做选择题

很多销售员，在遇到客户说“忙”的情况下，就显得束手无策，而王伟则根据客户的这一借口，让客户自己选择，“明后天哪天有空”“具体时间是几点”，这是一种思维设置方法，这样，无论客户怎样选择，都是在接受面谈的前提下。而对于销售员来说，只要客户开口回答，你就已经成功了，剩下的只是确认工作。

4. 恰到好处的“善后短信”

现代社会，每个人都忙忙碌碌，对于客户来说，有时候刚决定的事情可能过后就会忘记，同时，客户每天面临的推销人员很多，接到的类似电话也数不胜数，哪里记得住具体是哪个销售员，而且，即使记住了，也认为此事无关紧要，很快会抛之脑后。因此，王伟的这条短信，为他前期的努力做了一个很重要的善后作用，一条短信将此事板上钉钉：见面的时间、地点，加深了客户的印象，也主动留下了联系方式。

总之，销售员要明白，所谓的“忙”，只不过是客户的托词，你要做的就是连环发问，让客户主动收回这一借口，然后进一步确认具体面谈的时间，让客户明白，你能给他带来好处，从而激发他的兴趣，这样你的推销工作也就成功了一半了。

在电话里就听出客户额外的需求

诚然，销售的对象永远是产品，销售员一切的工作是为了获得利益，可销售员千万不能为了销售而销售。有时候,我们小小的付出就能拉近和客户的关系,让客户成为自己人。在电话预约客户的过程中,也是这样,我们要善于听出客户额外的需求,给客户小小的满足,给客户留下好印象,客户自然愿意约见你。

销售情景:

小陈是刚毕业的大学生,在一家贸易运输代理公司销售部实习。这天,她在网上找到了一家外贸公司。于是,她拨通了电话。

小陈:“您好!请问是大连××外贸公司吗?”

那头电话里传来中年女性的声音:“是的,你是哪里?”

小陈:“哦,我是上海的一家国际货运代理公司的销售员,主营欧洲航线,想和贵公司建立长期的合作关系。”

女客户:“哦?你是上海的?呵呵!我们一家人上个礼拜刚去上海玩过呢。”

小陈很开心地说道:“是吗!对上海印象如何啊?”

女客户:“嗯!还不错,果然是国际性的大都市,我们还准备去伊势丹买衣服,但那天没时间了,我女儿今年20岁了,她特别喜欢伊势丹的衣服,我还准备等她生日的时候,在上海的伊势丹给她买一件呢!”

小陈:“噢!是啊!我们这些女孩子都喜欢那儿的衣服,您女儿身材肯定很好吧!”

女客户:“是挺好的,不矮呢,有一米七,很纤瘦。”

小陈:“不过,上海除了伊势丹好以外,我们公司的航线也不错呢!”

女客户:“航线啊,可惜我们有长期合作伙伴了,等以后要更换时再通知你吧。”

小陈:“真遗憾,那就只好再联系了。”

挂断电话后,小陈立刻请假,跑到伊势丹专卖店买了条裙子,通过快递寄了出去,里面夹了一张对公司的介绍和自己的名片。一个星期后,公司收到了来自大连××外贸公司的一份航线询价传真……

分析：

在这个销售情景中，我们发现，销售员小陈成功地预约到了客户，并不是运用了什么技巧，而是她注意到了客户一个很特别的愿望——她希望可以给女儿买件伊势丹的衣服，而聪明的小陈就顺势问清楚了客户女儿的身材，挂断电话以后，她就去买了衣服，满足了客户的需求，可能对于小陈来说，买一件衣服不算什么，可是这件事却做到了客户的心坎上，自然，客户愿意和这样善解人意的销售员合作。的确，在电话预约客户的过程中，聪明的销售员要善于捕捉客户额外的需求，比如，客户的家人、朋友的需求、生活上的需求等。而且，更难得的是，销售员小陈在并不明确客户是否会与她合作的前提下，愿意主动付出，为客户的女儿购买衣服，这样的举动得到了客户的好感，愿意给小陈公司一次合作的机会。

在销售过程中，作为销售员，一定要记住一个道理，只有付出才有回报。可能有些销售员会以为，销售的根本目的就是达成交易，没有结果的付出是愚蠢的，其实不然，很多结果孕育在付出中。尤其在电话预约客户的过程中，要学会从细小的希望中看见结果，并不断地付出，善于听出客户额外的需求并解决，你就可能打动客户，从而能成功预约。再看下面的销售案例：

小李是一家高尔夫俱乐部的经理，一次，她准备向一个客户推销他们的会员卡，于是，她拨通了客户的电话。

小李："您好！是陈先生吗？"

客户："是我，你是谁？干吗的？"从客户的声音中，小李明显感到客户正生着气，可能是有什么急事没办成。

于是，小李语气温柔并加快语速问道："您先不用管我是谁，我先想问下您现在是不是有什么困难需要帮助呢？"

客户："是啊，不然我能这么急吗？我买不到机票！你能帮我吗？如果今晚赶不到上海我就损失惨重了，明天早上八点有个很重要的会议。”电话这边的小李真是快被客户的声音震聋了。

小李立即斩钉截铁地说道：“不就是买不到机票吗？说不定我还真能帮到你呢！”

客户：“真的？你怎么帮我呢？”客户很惊奇。

小李：“您先别急，听我说完。我有个很好的朋友在航空公司，我打个电话就行了。请先把您要定的航班号以及您的名字和身份证号码报给我。”客户一听小李这么专业，内心顿时燃起了一线希望：“好！我的名字是……”

还不到一刻钟的工夫，小李成功为客户定到了去上海的航班，帮助客户挽回了一个大损失。客户回来后立即请小李吃饭，也得知小李当时打电话的目的，而客户正好是一位高尔夫爱好者，结果如小李所愿。

从这一销售案例中，我们可以看出销售中付出与回报的关系，作为销售员，要有不计较得失的胸怀，正所谓：“当你不计较得失与回报时，你离成功就不远了。”在预约客户的时候，要善于听出客户的额外的需求，你做的任何事情都不是无用功！

客户所说的“请发传真”只是借口

在销售过程中，当我们对客户电话预约时，客户往往会找一些借口拒绝，比如：“你把资料用传真传过来吧，我有时间看看。”其实，这就是一种隐藏的拒绝，聪明的销售员千万不要被客户蒙骗了，你要做的是，用各种方法把传真变成见面。

销售情景：

小张是一个办公用品推销员，这天，他准备把公司最新款的打印机向一个客户推销。他拨通了电话：

小张："王总，这款打印机在目前市场同类产品中是最先进的了，它不光具有普通打印机的所有功能，而且还有红外和蓝牙接口，轻而易举地就可以帮您打印相机和手机中的相片，这就省去了您跑洗印店的时间了，而且……"

王总："你说的这些都非常吸引人，但是我们公司的业务不需要那些先进的功能，普通的就足以应付了。要不这样吧，我比较忙，没时间再和你打电话了，你发一份传真过来吧。"

小张："哦，原来是这样啊，那您看看我们公司另外一台打印机的性能，它具备打印机的基本性能，而且最重要的是，相对于市场上其他同类产品，我们是最物美价廉的了。您看什么时候有时间，我把打印机送过去给您看看……"

王总："那行，就这周五吧……"

分析：

很明显，刚开始客户一直拒绝小张，并以传真为借口，是因为小张所推销的产品与客户的需求不符，而聪明的小张很快将自己推销的产品转向客户需要的类型上，这才让客户产生了兴趣，答应了见面。在销售中，有很多客户都是如此，不好直接拒绝销售员，就以"传真"为借口，这不过是一种隐藏的拒绝而已，面对这样的客户，很多销售员信以为真，其实，即使传真真的发了过去，客户看的机会也会很小，因为客户对销售员所推销的产品根本不感兴趣。那么，销售员如何才能将这种隐藏的拒绝变成见面呢？为此，我们可以尝试一些新的解决方案：

方案一："先生，我知道传真对于你我都比较方便，可是，我们公司产品的相关资料都是一些精心设计的图案，专业性很强，必须配合相关人员的解释和说明，才能解释清楚，而且，我们的产品都是针对不同的客户而生产的，我必须对您负责，所以，您是周四还是周五有时间？我来给您做具体的讲解，这样您了解的也会清楚一点。”

方案二：“是的，先生，可能传真真的比较节约时间，但实际上，传真的内容比较繁杂，您阅读起来会没有重点，您不妨借我10分钟时间，我给您重点讲解一下，这样才会方便阅读。不知道您是星期一晚上还是星期二晚上方便呢？”

在销售中，很多失败的交易并非是客户没有需要，而是销售员不能完全明了客户的意图，当客户有隐藏的拒绝之意时，很多销售人员没有看出来，继续自己的推销工作，而导致无法约见客户，聪明的推销员会在客户的行为和言语中抓住他真正关心的点，进行有的放矢的说明，才不会白费了力气。比如，当客户针对产品的不足提出导议或者是明确表示出自己不需要时，销售员就应该立刻放弃对这种产品的推销，而转向找一款适合客户的产品来与客户沟通。

在与客户沟通的过程中，销售人员应做好进一步的工作，以此来化解客户在电话中隐藏的拒绝，把传真变成见面。

1. 仔细倾听

认真倾听别人的讲话是一种美德，而当客户在与你沟通时，尤其是交谈开始出现危机的时候，你就更应该集中精力仔细倾听，因为那其中隐藏的玄机可以有效地帮助你解决难题。在倾听客户谈话过程中，其实不难发现，有时客户会提出一些与产品关系并不大的问题，譬如：“现在市场上的产品谁敢买啊，都是些假冒伪劣的……”针对这些，销售员就要灵活处理了，比如你可以默不作声，等客户说完，再用自己的真诚和热情引导客户进入愉快的沟通氛围中。而有些客户说的话却是十分具体且有针对性的，他们需要销售员给予确定的答复，这时就需要销售员运用平时积累的知识和经验应答了。

2. 留意客户听完你的解答之后的反应

当你对客户进行一些补救措施，比如解答他的问题后，如果他还是支支吾吾，不能下定决心购买，那么通常有两种可能：一是客户根本就不想买；二是你的解答没有对他起到作用。此时，你就需要对症下药了，针对第一种情况,你需要付出更多的真诚和耐心,而第二种情况,销售员要从自己身上找出原因,寻找一种适合客户的解答方法。

总之,销售人员在与客户通话过程中,一定要注意以下几点:

(1)针对客户的拒绝,销售员要坚持信心,以更大的耐心去了解客户的真正意图。

(2)要正确、乐观地看待客户的拒绝,有时拒绝正是走向成功的信号。

(3)针对客户提出的任何问题,销售员都要认真回答,并找到有效合理的处理方法使客户消除疑虑。

别让客户在电话里就嫌产品贵

电话在预约客户的过程中起到了很重要的作用,也只有成功约到客户,才能开始销售活动。而我们发现,因为客户永远关心自己的利益,很多客户在电话里就会问到价格问题,此时,聪明的销售员一定不能让客户在电话里就说出“太贵了”这三个字,否则整个销售活动会因客户对价格的不满而导致失败。

销售情景:

小元从事的是保健器材的销售工作,这些天,他推销的是一种按摩仪,而这种按摩仪,刚好遇上了搞活动,小元想,这下应该可以推销几台了。

他给一个潜在客户打了一个电话:

小元:“您经常使用电脑吗?”

客户:“是的,工作无法离开电脑。”

小元:“您用完电脑以后一般会有什么不舒服吗?”

客户:“脊椎啊,腰啊,感觉很疼。没办法,职业病啊。”客户倒是说话很实在。

小元："是啊，你这需要保健，不然落下病根就不好治了，我们公司的××按摩仪最近在搞活动，大特价呢，这是一个特别优惠的促销阶段，错过了就很难再有这样的机会了。您看是否有兴趣？"

客户："原来你是来搞推销的。"

小元："其实，也是，但是……"

客户："你不用说了，我现在对那什么按摩仪没有购买兴趣，因为我买过，没用。"

小元："不是，我的意思是，这次机会很难得，所以，我………"

客户问："那你们的价格怎样？"

小元："现在××款是1999元，是我们降价幅度最大的。"

客户："你现在推销的这个××款按摩仪，业绩如何？"

小元："其实，我们遇到了销售中的许多的问题，的确，销售业绩不是很理想。"

客户："那怪不得了，价格这么高，能卖得好吗，太贵了……"

分析：

类似的推销电话，许多人也都有类似的体验，很多时候，销售员没有成功预约到客户，销售成绩并不理想，其中一个重要的原因就是没有对价格进行周密的策划，让客户在电话中就说"贵"，也就没有了见面的可能。

关于报价，是销售人员不得不面对的问题。在很多行业中，价格是公司明确制定的，给予销售人员的权限也是一定的。那么，在电话约见客户时，当客户问到价格时，销售人员该怎样从市场的定位来报价呢？

1. 学会用"公司规定"这几个字

当销售员被问及价格的时候，要向客户申明"这是公司的规定"，这样才会尽可能地避免利润损失的风险。

2. 让客户尝尝有限的甜头

目前，在很多企业中，为了吸引顾客，都实行了免费或者大减价。但作为客户,也总是有这样的心理,价格低甚至免费的产品,在质量和功能上肯定会有缺陷,对此,销售员在电话预约的时候,一定要明白客户的这一心理,不妨把这种甜头实行一定的限制,一定要说明产品的价值,别让客户认为你的服务价值为零。比如,你可以向客户说明,虽然是大减价,但是是限量提供或限期使用名额的,或者要告诉客户有免费和收费的两种版本,免费的是提供体验,通过体验让客户先了解到价值,然后在免费期即将到期时,再根据客户的使用频率询问其是否愿意为继续使用付费。

3. 报价时要留一定的空间

一般销售人员在电话中报价的时候,要注意的有如下几点:

(1)多强调产品的价值和良好的服务,以此来转移客户的注意力。

(2)报价的时候要给自己留一定的空间,别自断后路。

销售员在报价时,一定要灵活,根据客户具体的购买情况而定,如果客户购买数量较多,在允许的范围内,你可以适当地给客户一定的价格优惠。而对于那些对产品价格很在意的客户,你不妨先重点推荐一款有价格优势的产品,特别是正在做活动促销的产品,其价格比较有诱惑力,先满足客户的通常性需求,先让他对我们信任起来。

但销售员一定要注意,这些价格范围需要仔细考虑,一般要比公司规定的统一报价要低,比公司规定的低限要高。如果你知道竞争对手的价格,那最好与其相当。这样客户觉得你们企业对其有诚意,当然价格也得合理,合理的利润才是保证优质服务的前提,不可盲目低价。

(3)不要给客户过多空间。

首先,在降价次数上,不要超过两次,不然,客户会以为你本来的报价都有问题,尤其是那些对产品本身价格不了解的客户,会以为自己被骗,然后强行要求降价。你不妨告诉客户:“我们注重的是产品的售后服务,这价格已经是最低的了。”客户自会理解。

其次,可以给客户送些小礼品。有些客户喜欢图些小便宜,这也能让客户感觉到这已经是底线了,你这是在帮他争取最后的利益,动之以情,客户也就能体谅了。

有些话别在电话里轻易说出口

销售行业,就是靠嘴吃饭,有些销售员业绩平平,不是因为不努力,而是因为不会说话;而相反,有些销售员能轻而易举地完成销售工作,是因为会说话。同样,在电话预约客户的过程中也是如此,连接客户与销售员的只是一根电话线,如何让客户喜笑颜开,更考验了销售员的口才。但销售员在表现自己的口才时,千万要记住,不能口无遮拦,不该说的别说,因为一旦触及客户的禁区,就意味着你的预约乃至整个销售任务的失败。

销售情景:

王宏是一名刚毕业的大学生,因为公司正缺人手,于是赶鸭子上架,他被公司安排到汽车销售的一线,成为一名汽车销售员。有一次,前辈介绍给他一个潜在客户,让他打电话预约一下,公司正有一批库存的车急需处理。

当他还没开口问客户要不要买车,客户倒先给他出了一个难题:"我这手上还有一辆旧车呢,真不知道怎么处理,要不,你帮我卖了吧。"

王宏一下子不知道怎么接下面的话了。他想:"一辆破车还能值几个钱?搞不好那辆车轮胎已经磨损得不像样了,发动机工作时的杂音也很大,车里的气味也许很难闻。哪儿能卖得出去啊?要不问一下这车是什么时候买的,多少年了吧。"王宏是这么想的。可是他又一想,因为这是客户的车,客户可能很喜爱这辆汽车,毕竟开了这么多年,多少会有点感情。即便不喜欢这辆车,但也只有客户自己有资格来批评这辆车。如果自己先开口说这辆汽车如何如何的糟糕,这无疑是在侮辱汽车的主人,不知不觉中已经伤害了客户的自尊心。这样一来,还能向客户销售吗?

想想这些，王宏对那位客户说："不管怎么样，这车都陪您那么多年了，您何必把自己的一个'老朋友'卖了呢，如果它的性能已经有些问题了，你可以再买一辆车，权当是它的接班人吧。"

客户一听，这小伙子说话太中听了，是个会从别人角度想问题的人，就主动要了王宏的手机号。

分析：

很多时候，电话预约是销售活动的前期工作，在这个时期，只有与客户相处愉快，成功约到客户，才有可能完成销售任务，销售员王宏的聪明之处，就是从客户的角度去想问题，然后把不该说的话咽了回去。实话不实说并不是要销售人员不讲实话，并不是要销售人员以次充好去欺骗客户，它只限于销售商品以外的东西，对于产品的优缺点销售人员必须实话实说。

销售员要记住，预约客户的时候，以下几种话是不能说的：

1. 有攻击意味的激烈言辞

电话预约客户，全看销售员在电话中与客户沟通的效果。有些销售员因为工作、生活中的一些问题，在拨通电话的时候，带有情绪，或者生活中本身就语言犀利，于是，客户就被销售员当成了语言攻击的对象，当销售员一旦说出此类语言时，整个预约乃至整个销售任务就宣告失败，因为客户是上帝，无论何时客户总是对的，尊重客户更是销售工作的前提。

2. 个人隐私性问题

某些销售员认为，要想和客户搞好关系，不妨深入客户的生活中，于是，开口就大谈一些隐私问题，其实，每个人都有自己不愿被揭晓和触及的地方，当销售员追着客户一些私密问题不放的时候，自然会引起客户的反感。而且，电话预约客户，销售员要做的更多是把握客户的一些需求，这才是销售员的本职工作。

3. 粗鄙的语言

精练、专业是每个销售员最基本的语言要求，同时，还要求销售员说话时要注意场合，生活中，可以随意一些，但在与客户沟通尤其是电话预约客户的时候，一定要表现自己的良好素质，切不可出口成“脏”、污言秽语，毕竟，语言代表的是一个人的素养和形象问题，尤其是销售员，你的形象是和产品挂钩的。

在电话预约客户中有很多禁忌问题，一旦触犯这些禁忌，你失败的可能性将大大增加。而这正是许多销售人员的通病，尤其是刚从事销售这一行的，有时讲话不经过大脑，脱口而出伤了客户，自己还不觉得。虽然销售人员是无心地问了一些问题，但客户听起来，感觉就不太舒服了。人人都喜欢听好话，人人都希望得到别人的肯定，有一句话是这样的：“赞美与鼓励让白痴变天才，批评与抱怨让天才变白痴。”销售人员每天都要与人打交道，更应注意这方面的问题。

站在客户的角度，说出客户的顾虑

“没有产品的差异化，只有宣传的差异化。”从销售的角度来说，这句话是非常正确的。产品的差异化是制造部门的责任，不是销售员可以控制和改变的。但宣传的差异化确实是掌控在销售员手中的，是可以通过销售员的工作改变的。于是，很多销售人员谨遵这一口号，在电话预约客户的时候，从不问客户需要什么，而是问自己能给客户带来什么，在打电话之前，从不是有计划地收集客户的资料、了解客户的情况。他们总是匆匆忙忙地打电话，急急忙忙地介绍产品；遭到顾客拒绝后，又赶快去拨通下一位客户的电话。他们整日忙忙碌碌，所获却不多。聪明的推销员知道，与其匆匆忙忙地拨打10位客户的电话而一无所获，不如认认真真做好准备打动一位客户。

销售情景：

覃兰是一名化妆品推销员，一次，公司推出一款新品，覃兰就想给自己的几个老客户都通知一下，看谁对这款产品有兴趣。她拨通了第一个客户的电话。

覃兰："张姐，您好，我是小兰啊。"

客户："哦，是你啊。有事吗?"

覃兰："我们公司新推出一款产品，我觉得很适合您，就给您打个电话，您上次不是让我留意的吗?"

客户："哦，这样啊，我知道你说的这款，我不怎么喜欢，要不，你给我拿套那个××吧，那是大牌子。"

覃兰："我知道您说的那款，其实，姐，这套相对来说贵很多，您可能并不在乎钱，我卖给您贵的，我拿的利润当然也高，但贵并不一定就适合您，说实话，那款产品，你用的话，因为肤质的关系，我怕您会过敏。我建议您还是不要买。"

客户："小兰啊，你可真是会为我考虑啊，我信得过你，今天下午你到我家来一趟吧。"

分析：

情景中的这名销售员可以说是一名称职的销售员，这样的销售员总是会站在客户的角度思考问题，自然会赢得客户的信任。在电话预约客户的时候，有些销售员以为只要约到客户然后卖出产品就大功告成，也不管产品适不适合客户，其实，这种想法是错误的，忽略客户的需求，即使约到了客户，客户也不一定购买；即使客户购买，当客户意识到你推销给他的是不适用的产品，你也就断送了回头客。而相反的是，在第一时间也就是预约客户的时候就考虑客户的要求，会赢得客户的信任，你的工作就能够更顺利地进行，并且你做成的不只是一笔生意，还赢得了一名忠实的客户。忠实客户给你带来的利益是不可估量的。

很多销售员认为,顺利地约到客户,只要把自己的产品介绍给客户就是大功告成,其实不然,这是那些没有经验的销售人员常有的心态。他们往往很自信,觉得自己完全有能力使客户信服。其实,这是一种错误的想法。如果不了解客户,不做必要的准备,当你接通电话时就有可能不知所措,甚至成了一种尴尬。比如说,当你推销化妆品时,提到某一明星,而这个明星正是这个客户讨厌的人,那么,推销的结果可想而知了。

还比如,不知道该客户的家庭情况,也就不知道客户家里的真正需求。销售人员可能会向家庭并不富裕的客户介绍一些价格偏高又没有太大实用性的产品。也可能客户正想买一些护肤品,可是销售人员却向其介绍家居用品,客户没有需求,当然不会购买了。所有这些,归根结底都是因为销售人员事先没有收集客户的资料,了解顾客的需求。

销售员要想把产品卖出去,首先就要与客户之间建立良好稳固的关系,要实现这一步,销售员就要做到最基本的一点:从客户的角度出发,要了解客户,知道客户真正需要什么。对此,销售员具体可以从以下几个方面去做:

1. 理解客户的心情

客户购买产品,其实买的就是一个顺心,如果客户总能感觉到销售员对自己很理解,注重自己的心情和感受,那么客户就会被这种氛围所吸引,进而对产品投入更多的关注。

一个总经理招聘秘书,收到了一百多封求职信,看得他头昏眼花,不知道该如何选择。突然间,有一封求职信吸引住他的目光:总经理先生,您好,我知道您现在要看很多求职信,一定很头痛,而我非常希望帮您处理这个问题。过去我曾经在人事单位工作多年,经验丰富,我相信自己有能力来帮您解决这个问题。

这位总经理眼睛一亮,立刻打电话邀请这位求职者来上班。

这封求职信的文字并不算是特别优美，求职者也没有大肆宣传自己的能力。她只是站在这位总经理的立场，思考他的需求，就从众多竞争者中脱颖而出，为自己赢得了一个工作机会。这样的理念如果用在销售上，也会产生神奇的效果。

2．重视客户的利益

说服客户，不仅需要较好的语言技巧，更重要的是要掌握正确的原则：抓住客户的切身利益展开说服工作，即"站在别人的角度，说自己的话。"

每个人在沟通的过程中都有一个自己的立场，若别人说话的立场和自己的不同，自然就会产生抗拒心理。聪明的销售员应该学会和客户站到同一个立场上去，并从客户的角度出发去思考问题。

3．帮助客户解决问题

一位好的销售员可以为客户提供解决办法，为其减少麻烦，并帮助他们拓展业务。在约见客户之前，你最好就对他们生活和工作有所了解，知道他们目前正在遭遇哪些问题。如果你的产品恰好有助于他们改善或有效解决眼前的困境，那你就要抓住时机告诉客户：你的产品在解决难题过程中的种种优越之处。如果你的产品能够协助客户有效解决客户遇到的难题，那么即便你不做过多的介绍，客户也会对你的产品情有独钟、充满兴趣，从而产生购买的想法。

在销售活动中，客户所关心的是自己的利益，销售员所关心的是自己的提成或公司的利益，这两者看似是矛盾的，实则是一致的。只有客户的利益得到了保障，公司的利益才有基础。因此，在认清客户重要性的前提下，销售员一定要设身处地为客户考虑，善于从客户的角度出发，为目标客户介绍他最适用的产品特点，为客户提供最真诚的建议，满足客户的愿望，充分理解客户、尊重客户，这样才能为自己的成功和公司的长足发展打好基础。

担忧客户反悔,巧用激将法拍板

销售员想在第一次电话联系客户中成功约访是非常困难的,有时甚至想让客户完整地听完介绍都很困难。即使对方确实存在产品需求,他们仍然会习惯性地拒绝,无论销售员怎样设法吸引客户的注意力,他们似乎都不为所动。于是,为了摆脱销售人员,就敷衍他们,这种情况下,销售工作该怎样让客户说话算数,让销售活动进行下去呢?

销售情景:

赵强是一家打印机销售公司的销售员,他有一个墨守成规、故步自封的客户——成经理。尽管他们办公室的打印机已经非常老旧,几近淘汰了,成经理也几次敷衍说要更换,可都是打马虎眼,仍然不打算更换。赵强多次和他电话联系,每次联系他都针对那台老旧的打印机大做文章,试图促使对方尽快购买,但是每次都无济于事。这一次,赵强想出了一个招儿,他决定刺激一下客户的骄傲,冲破客户的固有思维。

在拨通电话后,赵强感慨道:"我上次去过贵公司,看见了你那T型福特,T型的啊!"他的声音不大不小,清清楚楚地传到了成经理的耳朵里。

"T型是什么意思?"成经理有点尴尬。

"没什么,T型福特是曾经一款非常流行的汽车,但是现在它只是一个怪物。"赵强说。

成经理很尴尬,之后,在同赵强的交谈当中他一度陷入沉思,他也感到自己敷衍了赵强好长一段时间了,最后,当赵强挂电话前,他主动提出要周末和赵强谈谈,让赵强把激光打印机的资料带上。

分析:

和赵强一样,很多销售员都遇到类似情况,有些客户,即使软磨硬泡,多次打电话，他表面上虽说答应见面，但总是找理由推脱，迟迟不愿付诸行动。但销售员赵强是聪明的，他巧施激将法，在电话中就轻松搞定了客户。在电话预约客户时，销售员可和赵强一样，当常规方法劝说客户面谈时，不妨可以用激将法，给客户施加一定的压力，让客户尽快作出决定，把口头上的承诺变成实际行动，但这一方法的前提是，销售员必须对客户有一定的了解，比如他的购买状况和需求等。

那么，什么是激将法呢？激将法是相对于常规的劝说方法而言的，是一种通过抓住客户害怕失去的心理，然后刺激客户购买的方法。销售员要让客户明白，错过这次见面机会，他将会有一定的损失，一般情况下，权衡之后的客户都会被打动，答应面谈。这一方法一般适用于那些迟迟不愿面谈、口头答应却敷衍了事的客户，销售员不能被动地等待客户的消息，而应该主动出击，保证预约工作的顺利进行，为接下来的销售工作打好基础。那么，销售员在电话预约客户的过程中，该怎么样用激将法使得客户言而有信，成功面谈并达成交易呢？激将法传递的是两种信息：

1. 产生损失

相信没有人会眼睁睁地看着自己蒙受损失而不为所动。销售员只要让客户明白，轻易拒绝会让他产生巨大的损失。这时候，客户一般会在内心权衡，他们宁愿不获取某种利益而不愿失去现有利益，这样他们便会因为担心而采纳意见，以摆脱内心的不安和忧虑，为了避免这种损失，他们一般会采纳销售员的建议，比如：

销售员：杨总，说实话，我很了解贵公司的产品需要的设备，你们采用的是传统工艺，需要的是一些经典的老设备，而这批是我们厂最后一批甲等经典设备，我们现在生产的所有设备都采用了新的工艺和技术，像这样经典的老设备可就是最后一批了，而且价格如此优惠，如果贵厂不加快行动，指不定哪个厂家就买去了。您看，你这周是周四还是周五晚上有空，我们面谈一下吧。

2. 既得利益受到威胁

当今社会，无论哪个行业，竞争日益激烈，为了达到竞争的优势地位，很多企业或商家都在随时关注自己是否有安全隐患或者潜在的威胁，聪明的销售员不妨就利用客户的这一心理，在电话预约客户的时候，你可以分析给客户看并刺激他们，他们的既得利益会受到威胁，这种威胁不可不防，而这种威胁只有你能帮他预防。这样客户就会接受你，最终答应面谈，并顺利成交。比如：

销售员：郭总，您支撑这么大的娱乐城，一定很不容易，其实，娱乐城是安全隐患最严重的地方，鱼龙混杂，免不了出现一些打架斗殴的事件，公司多少也会受到一些利益上的损失，所以，我建议您了解一下我们针对这种情况的保险业务，您看，您是明晚还是后天晚上有空，我去和您详谈一下？

再比如：

销售员："张先生，我最近作了一个市场调查，C公司的产品最近在市场上的占有率已经提升了20%，规模可是在您之上了啊，当初，它只不过是您旗下的一个子公司啊，可您知道吗，他们的优势在哪？他们的运输方式是国内最先进的，而这种运输方式，正是我们提供的……"

当然，这些只是企业或者个人的利益受到威胁，销售员还可以从一些附加值利益，比如企业形象上刺激客户。但在刺激客户之前，销售员一定要清楚地了解客户的相关情况，否则很容易因为涉入不精而陷入僵局。

总之，销售员要审时度势，巧妙运用激将法。当客户拒绝和你沟通、试图挂电话的时候，我们应该自信地告诉客户：如果你不了解这些信息，你将面临巨大的问题或损失；如果你不接受我的意见，你将落后于你的竞争对手。通过这样的暗示，让客户产生强烈的好奇心和兴趣，从而主动了解我们的业务和产品。

第二章

端正态度：用你的自信和专业态度说服客户

一个出色的销售员不仅拥有出色的说话能力，还要具有良好的心态。可能很多人会问："心态也会影响口才的发挥？"回答是肯定的。销售员在与客户交流的过程中，要记住，时刻保持自信，保持良好的销售态度和销售礼仪，让客户看到你的良好素质；不可心急，心急吃不了热豆腐；遇到客户的拒绝，更要积极面对，愈挫愈勇。销售员要想成功地卖出产品，首先要做的就是摆正心态，同时，一个销售员的成长离不开对心态的修正和锻炼，只有具备良好的心态，在与客户交谈时，你才会游刃有余、收放自如。

推销中只有绝对的自信才能征服客户

有人说，作为一名销售员，他有两大敌人：看得见的敌人——竞争对手，以及看不见的敌人——自己。销售人员在面对日复一日的拒绝时，如果没有顽强的斗志和必胜的信念，免不了会产生“太受打击了，我实在是坚持不下去了”的逃避思想，这就是心中看不见的敌人之一。要想战胜这种看不见的敌人，就一定要有自信，要经常鼓励自己。

销售情景：

有一家规模很大的机械制造厂，效益很好，准备扩大销售计划，但奇怪的是，所有的新雇员在试用期是否合格，取决于总经理是否认可，获得了认可，就等于拿到了“销售员的毕业证书”。

有一个刚从学校毕业的年轻人，不成熟而且缺乏信心，这位销售员在经过前两个阶段的实习后，对自己能否胜任工作一点儿也没有把握，他正担心经理不发给他“毕业证书”呢。

可是，出乎他意料的是，那位经理对他讲了“我相信你能行”之类很多鼓励的话，但接着，经理就开始给他分配任务了，经理告诉他，希望他可以到对面的一个绝对有钱的老头那儿去推销，因为表面上看，他是一个普通的老头，但实际上，他是三个大型工厂的董事长。经理告诉他：“喂，你听着，那个老头是我一个朋友的父亲，也是我忠实的客户，可是，我要告诉你的是，他是一个脾气很坏的老头，而且是个厚脸皮、令人讨厌、爱吵嘴、满口粗话的人。你如果去见他，他肯定会对你大吼大叫，仿佛要把你吃掉似的。不过，你放心，他只是叫嚷一阵而已，所以，无论他说什么，你都不要介意。我希望你默不作声地听着，然后说：‘是的，先生，我明白了。我带来了本市最好的机械制造的商谈说明,我想这个说明对你来说,也一定是想要得到的东西。'总而言之,他说什么都没关系,你要坚持你的立场,然后讲你要说的话。可不要忘记啊,他最后总会向我们的销售员订货的。去吧,年轻人。"

这位年轻人是铆足了劲儿来推销的,可是,当他说明来意,报上了自己和公司的名字后,老头暴跳如雷,根本不跟他商谈这件事,而相反的是,一会儿问他喜欢吃什么,一会儿问他多大了这些无聊的话题,年轻人实在是有点听不下去了,可他想起了经理的话,这老头最终会买他的产品的,于是,他继续耐心地等待,终于,老头唠叨完了,没让年轻人讲上一句话。最后,他说:"是的,先生,我明白了。那么,这是本市最好的机械制造的商谈说明,这样的商谈说明,当然是您想要得到的东西。"这样的进攻和防御大约持续了半个小时。半小时后,那个年轻的销售员终于得到了老头手下的三个大型企业的机械购买订单。

他的第一笔业务终于成功了,当他拿着订单,兴高采烈地回去交给总经理时,没想到总经理却对他说:"你是我们这里最出色的销售员,你知道吗,你攻下了我们这里15年来最难攻的堡垒,那个老头,在我们遇到的对手中,是最吝啬、最讨厌、最好吵架,而且是最爱说粗话的老头!我们这15年来,派去最有经验的的销售员,总想让他买点儿什么东西,可是那个老头连一元钱的东西也没有买,总之,他从来没从我们这买过任何一件东西。"

分析:

这位所谓的"新手"为什么能成功呢?毫无疑问,是老板的话使他充满了信心。如果销售人员对自己没有信心,那么就不会有人对你有信心。当然自信不是自傲。自信是人与人之间积极交流与沟通的重要因素,没有人愿意与一个畏首畏尾的人交谈。谈判桌上,销售人员要想成功地说服对方,不仅仅需要有精妙的言辞,还需要你具有自内而外的自信。如果一个人在谈判的时候怯场,很可能就会思维混乱,词不达意,甚至漏洞百出。这样的一个人只会让对方轻视,不会愿意与你做过多的交谈。

自信是积极沟通的首要因素，如果销售人员在讲话之前先怯场，对自己说的都没有把握，别人怎么会相信你呢？自信的销售人员，才能克服谈判中的恐惧与焦虑。

那么除了需要有自信的心理外，还需要做什么才能增加自信呢？

1. 外表上

“佛靠金装，人靠衣装”这句话一点也不假，一个人的自信，与外表也有很大一部分关系，一个衣着清爽、干净整齐的销售员不仅可以给客户一个好印象，从而赢得好感和信任，销售员自己在谈判的时候，也会倍感自信。

2. 语言上

销售员业绩来源靠的就是口才，一个优秀的销售员本身就是一名出色的演说家。销售员要想在语言上传达自信，需要做到以下几点：

(1)声音洪亮，但声音不可过大，要大小适中。要有不卑不亢的语调，用你的自信感染别人。

(2)注意语音面貌，销售员要吐字清晰、层次分明，抑扬顿挫，这样才会带动客户的情绪，否则，客户只会不得要领。

(3)要注意停顿。一句话不能说得太长，也不能说得太短。适当地停顿，不仅可以调整自己的思维，而且可以引起对方的注意。在停顿的间隙，你可以观察对方的反应。

总之，销售员在说话的时候，要简洁明快、顺畅自然、不温不火，处处表现自己的自信和大方，这样才能够恰到好处地把自己的观点表达给对方，才会激起对方的兴趣。

只要与人打交道，就需要你充满自信去面对他人，需要你从心理、着装、话语等方面去表现自己的自信。谈判桌上，销售人员会遇到形形色色的人，只要你满怀信心去与他们谈判，就会赢得对方的信任与欣赏。要想成功，销售人员就要相信自己的实力，相信自己的能力，相信自己能够说服对方，信心百倍地面对对手。

销售员要记住，全力以赴地去做销售，就一定能达到目标，要有无论如何也要完成任务的勇气。唯有如此，才会想尽一切办法与客户接触，用口才说服客户购买自己的商品。

心态积极，才能促进销售

积极的心态是成功销售的关键。它会影响你说话的语气、姿势和面部表情，修饰你说的每一句话，并且决定你的情绪感受，它还会对你的思想产生影响，进而把你这种思想和情绪传染给你的客户。所以，作为一名合格的销售员，一定要通过多种方式培养自身积极进取的心态。要知道，积极心态蕴涵无限潜能。

销售情景：

一名销售员想向一外企推销一批新的测量仪，他终于想方设法找到采购部的经理，他请秘书把自己的名片递进去。毕竟采购部掌握着整个企业的粮仓，这位王经理架子不小，秘书恭敬地把名片交给经理，一如预期，王经理不耐烦地把名片丢回去："又来了！"秘书很无奈地把名片退给站在门外的销售员，然而销售员不以为然地再次把名片递给了秘书。

"没关系，我下次再来拜访，所以还是请王经理留下名片。"

拗不过销售员，秘书硬着头皮再次走进办公室。经理生气了，将名片撕成两半，丢给秘书。

秘书不知所措地愣在当场，经理更气，从口袋里拿出10块钱："10块钱买他一张名片，这总够了吧。"

岂料当秘书递还给销售员名片后，销售员很开心地高声说："请您跟你们王经理说，10块钱可以买我两张名片，我还欠他一张。"随即再掏出一张名片交给秘书。

突然,办公室传来一阵笑声,王经理走了出来:“这样的销售员,我不得不见一见啊。”

分析:

即使被打击和拒绝很多次,这名销售员依然愈挫愈勇,并用幽默打动了客户,我们不能不被他积极的心态所折服。这就证明了,只要我们在客户面前积极一点,即使被拒绝了,依然有可能扭转局势,销售成功。

无论客户如何拒绝了你,都要保持积极的态度,与客户保持友好的关系,让客户看到你的好形象、高素质。这不仅对客户改变先前的看法有一定的帮助,而且也有利于销售员维护自我形象。那么,在销售中,销售员应该怎样从哪些方面说话,从而保持积极的心态呢?

1. 用积极、正面的语气说话

同样意思的话,用积极、正面的表达方式,客户听起来会舒服很多。

例如:“不好意思,打扰你这么久了。”

这是一句在面谈结尾的话,表面上看,很符合语言习惯,客户的回答应该是:“没关系。”

可是,我们再看看另外一种说法:“非常感谢!借用您不少宝贵的时间。”恐怕面对这句话,客户的回答是:“哪里,并不是很久。”

很明显,第二种说法比第一种好得多,因为销售员是处在主动的地位的,让客户感觉销售员也比较大方。

2. 注意语言的表述

“您是采购部的负责人吗?”

“采购部是您负责吗?”

乍一看,这是同样的话,只是不同的表述,可实际上,这两句话差别很大,给人的感觉也不一样:第二句明显比第一句话让人舒服很多,对方会觉得“我还是很出名的呢,外人一眼就看出来我是部门的负责人呢”,这是一种无形的赞美,当对方听到这句话时,自然会很高兴,接下来的销售工作也就顺利得多。

3. 要注意否定措辞的表达

销售中，不仅存在客户拒绝销售员的情况，有时候，销售员也会遇到必须对客户说“不”的情况，此时，销售员就一定要注意措辞，比如，当客户要求订货，可是恰好库存已经没有了，这时候，我们看以下两种回答方法：

“真不好意思，我们没货了。”

“由于需求过旺，暂时我们有点供不应求。”

很明显，从这两种回答中，我们可以看出第二种比第一种好得多，第一种语气生硬，而第二种则说出了货物短缺的原因是由于需求大，这暗示客户：产品销路好，质量肯定过硬，不妨等等！

做到以上这些并不容易，这需要销售员调整好自己在销售前的心态：

1. 做好准备工作，减轻心理负担

有些销售员在销售过程中，表现消极，无法轻松地与客户交流，而这主要是因为销售员的准备工作不够充分，害怕应付不过来。因此，销售员若能在销售活动进行前做足准备，是能在一定程度上减轻心理负担的。

2. 多做心理暗示，鼓励自己

事实上，心理状态的良好与否，主要还在销售员自己。在销售过程中，销售员不要让自己的心情被客户的表现所左右，无论客户的情绪怎样，始终保持良好的销售礼仪和销售态度，在内心多做自我鼓励，相信自己能做好，这种良好的素质无形中为产品加了分。

3. 未雨绸缪，分析客户

销售员最怕遇到的是阴晴不定的客户，一会儿聊得很好，一会儿又暴跳如雷，根本不给销售员说话的机会，也有一些客户，无论销售员说什么，都不买销售员的账。实际上，这都是因为销售员在沟通前的前期工作没做好。人与人是有差异的，在性格、爱好、购买习惯上都能体现出不同，销售员只有在销售活动进行前，做好客户的分析工作，然后列出一些应对策略，无论客户怎样变脸，也能轻松应付，销售员自己也不会手忙脚乱。

4. 愈挫愈勇,重燃自己的工作热情

销售工作最最考验的是人的耐性,因为每个销售员都要面对客户的打击和销售业绩的考核,时间一长,很多销售员都会失去当初的热情。正因为如此,有一些销售员选择了放弃;也有一些销售员,服务态度差,对客户失去耐性,即使产品再好,也无人问津,而那些能坚持、对客户不失热忱和诚意的销售员,便走出了自己的销售瓶颈,深得客户的赞赏。所以,作为销售员,我们要尽量避免消极态度的产生,保持高度的工作热情,这样才能在工作中所向无敌、勇攀高峰。

在与客户沟通中展现你的责任心

责任心决定了一个人处世的态度,更决定一个人做事的高度,销售中也一样,一个尽职尽责的销售员不仅可以获得客户和领导的信任,也可以取得较好的销售业绩。而对于企业来讲,企业更愿意将一块市场、一个任务交给有责任心的销售员,因为很多时候,一个企业的命运是和产品的销售业绩直接挂钩的。一个有责任心的销售人员会千方百计努力去实现自己的发展,而一个没有责任心的销售人员则会得过且过,过一天算一天,最终将自己的命运断送在自己手中,正如足球行业中的一句话所说“态度决定一切”,用在销售人员身上则是:责任决定态度,态度决定一切。

这就告诉销售员,在销售的过程中,一定要让客户看到你强烈的责任心,他才会信任你,才会购买你的产品。

销售情景:

小丽是一家保险公司的销售员,她的销售业绩一直在公司排第一,这与她总是对客户知冷知热有很大的关系,因为她总是对客户负责,每当她的客户发生意外时，她都会在第一时间拜访他。

有一次，她的一名客户在自家门前的巷子里被人抢劫了，损失了几千块钱，还有手机、首饰。这位客户在小丽手中买过一份人寿保险，但没有买财产保险。这次客户发生这样的事情，小丽担心客户的财产受到很大的损失。因为她知道客户没有买财产保险，这次遭抢一定让这位客户压力重重。

小丽赶紧拜访这位客户，一见面她就问道："您没事吧？"

接着又说第二个问题："您有什么重大损失吗？"

第三句话是："都怪我不好，当时没有坚持请您购买财产保险，以致今天我不能帮您减少损失，为您分担经济压力，我今天只能为您分担精神压力。"

第四句话是："面对您的遭遇和处境，我非常焦急，也非常心痛，我会尽我所能为您提供帮助。"

小丽的几句话让客户很感动，在接下来的一段时间内，小丽经常去客户家里陪她聊天，安慰她，并量身为其定做了一份财产保险。最后，在不到半年时间内，这位客户购买了这份财产保险。

分析：

销售情景中的小丽是一位优秀的销售员，因为她总能从客户的角度出发考虑问题，对客户负责。的确，只有让客户感受到你是个有极强的责任心的人，他才会放心购买产品，也只有这样，客户才可能不断与你合作。

很多销售员认为，良好的沟通能力就是能说会道，在介绍产品时侃侃而谈，在争取订单时游刃有余，其实并非如此。这些只是销售员在与客户沟通时必备的口才技巧，除此之外，销售员还要有良好的心态，其中最重要的一条就是要有责任心，即对产品负责，对客户负责，对公司负责，对自己负责。不仅如此，这种责任心还要让客户从你的言谈体会到。

1. 对产品负责任

要想让生意有长久的发展，产品的质量是重中之重，这是一个公司上到领导层、下到销售员应该共同的责任，也只有这样，才能得到客户的信任，也才有长期的合作。

那么，作为一名有责任心的销售员，如何对自己的产品负责呢？

(1)在向客户推销之前，要保证自家所推销的产品没有质量问题，同时，在售出的时候，要提醒客户检查好产品的质量。

(2)如果销售员不小心将有质量问题的产品卖给了客户，销售员一定要及时告知客户，以免造成一些意外损失，如果客户找上门，要求销售员承担责任时，销售员万不可推脱，也万不可有以下言论：

“我只负责销售，卖出去就不关我的事了。”

“公司又不是没有售后服务部门，你们找错人了，我不管这事。”

“你当时买的时候本来就是特价产品，一分价钱一分货，谁让你当时不买贵的？”

销售员虽然只负责销售，但毕竟产品是从销售员手上售出的，销售员对自己所卖出的产品负责，这是一个销售员乃至整个企业的立身之本，更是一个销售员最起码要具备的素质。产品售出后，如果出现销售员难以解决的质量问题，不要与客户争吵，销售员要找多方面人士一起研究，给客户一个合理的解释。

2. 对客户负责任

作为销售员，我们的最终目的是卖出产品不假，但要明白，客户是我们销售业绩的最终来源，同时，销售员卖出的不仅是产品，还是一个优秀的销售员和公司的信誉。只有对客户负责，并关心、体谅他，客户才能把你当作自己朋友，让彼此之间的关系更加亲密，让客户看出你是一个值得结交的朋友，是个有责任心值得信赖的人，这样才能把握抓住机会，才能和客户长期的合作，成为一个出色的销售者。

3. 对公司负责任

真正优秀的销售员，会把自己当成公司的一分子，和公司荣辱与共，而也有这样一些销售员，在谈到公司的时候，使用的通常都是“他们”而不是“我们”，仿佛自己不是公司的一员，自己和公司的利益是对立的，这样的销售员，就是对公司不负责任。真正优秀的销售员，在销售的时候，不是单纯地为了销售而销售，而是把销售当成自己的事业，努力地为自己的团队争取利益，这样的销售员工作起来才会快乐，因为他有归属感，只有对公司负责，才能在公司给你提供的这个舞台上成长、成熟，最后成功。

4. 对自己负责任

对客户、公司、产品负责，其实，归根结底是要对自己负责，我们要明白"我在为谁工作"的问题，你是在为自己工作！"负责任、要敬业"应该永远是每个人在工作中遵守的原则，而销售员也应该永远用这样的态度来对待自己的工作。

如果销售员想成为优秀的销售员，不妨用这种方式来证明自己，把推销产品当作自己的事业，从心里认为这是为自己工作，而不是为公司工作。

总之，责任心是取得成功的基础，没有责任心，再怎么努力也枉然。因此，销售员必须让客户从你的言谈中看到你的责任心，当然，这不是一朝一夕就可以做到的，需要销售员从从事销售工作的那一刻就要学习，学会对产品、客户、公司、自己负责，并有效地与客户沟通，让客户感觉你值得信赖，只有做到了这些，客户才会从心中认定你是一个有责任心的销售员，才会与你有长久的合作。

诚信沟通，效果更为直接

何为诚信？从道德范畴来讲，诚信即待人处事真诚、老实、讲信誉，言必行、行必果，一言九鼎，一诺千金。在《说文解字》中的解释是："诚，信也"，"信，诚也"。可见，诚信的本义就是要诚实、诚恳、守信、有信，反对隐瞒欺诈、反对伪劣假冒、反对弄虚作假。

俗话说"以诚待人，人自怀服"，销售人员只有诚心待人，客户才会信服；

玩弄技巧，客户就会敬会远之。

在现实生活中，我们可以看到有许多销售人员为完成销售任务，采用哄、骗的方式让客户提货，更有甚者销售人员承诺如何如何开空头支票，结果却不兑现承诺解决问题，使客户对其不满，引发信任危机，最后影响销售，客户不予以配合，市场工作难度进一步加大。因此，销售人员在工作中应以诚心对待客户和消费者，尽量满足客户需求，在维护企业利益的同时站在客户立场上考虑问题，诚心为客户服务、帮助客户发展。只要不急功近利，实事求是，说到做到，并让客户和消费者去感受到你的诚心，一次、两次后客户就会理解你、尊重你，最终转变为积极主动的配合，从而达到销售人员的最终目的。

销售情景：

有一家国际性的大公司招聘销售总监，这天，面试大厅里等候着很多人，很多是在销售行业经验丰富的老手，一个刚踏入社会年轻人因为没有找到工作，也来碰碰运气。

这时，终于轮到他了，主考官在问过姓名和学历之后，又问道：

"干过推销吗？"

"没有。"年轻人答道。

"你知道销售人员工作的目的是什么？"

"让客户了解产品，从而心甘情愿地购买。"年轻人不假思索地答道。

"你打算怎样跟推销对象开始谈话？"

"'今天天气真好'或者'你的生意真不错'"。主考官点了点头。

"你有什么办法把打字机推销给农场主？"

年轻人稍稍思索一番，不紧不慢地回答："抱歉，先生，我没办法把这种产品推销给农场主。"

"为什么？"

"因为农场主根本就不需要打字机。"

主考官高兴得从椅子上站起来，拍拍年轻人的肩膀，兴奋地说："很好，你通过了，我想你会出类拔萃。"

此时，主考官的心里已经认定这个年轻人将会是一名优秀的销售员，因为最后一题，只有这个年轻人的回答让他满意，以前的应聘者总是胡乱编造一些方法，但实际上绝对行不通，因为谁愿意买自己根本不需要的东西呢？

分析：

销售人员最重要的是讲诚信，情景中的年轻人之所以能在考试中脱颖而出，赢得考官的好感，正是因为他诚实。在销售行业，只有做到讲诚信，让客户信任你，客户才会放心地购买你的产品，因为只有讲信用的销售员，才会有责任心，将客户的利益放在心上，也才会做到前后一致、言行一致、表里如一。但相反，如果销售人员不讲信用、前后矛盾、言行不一，客户则无法判断他的行为动向，不愿意和这种销售人员进行交往，这样的销售人员自然也没有什么魅力可言。

因此，诚信是成功进行推销的一个基本因素，因为没有人愿意和不讲信用的人打交道，也就更谈不上什么交易关系了，所以，销售人员在进行口才展示时，务必要注意这一点，要不断地去表达"信用"，强调"信用"，特别是在熟悉的客户面前，这种信用更是成功销售的催化剂。

日本松下幸之助说过，信用既是无形的力量，也是无形的财富。在销售工作中，更是能体现这句话。信用有了保障，那诚信就毋庸置疑。

那么，销售人员在工作中，如何才能做到诚实守信呢？

1. 真诚地和客户交谈

真正的口才，并不是口若悬河、滔滔不绝，尤其是在与客户初次接触的时候，客户一般都对销售员心存芥蒂，你越是想表现自己，越让客户觉得可疑度高。其实，你不妨诚恳、清晰地表达你的观点，话语不可过多，注意说话方式，诚实、中肯地说话，就能让客户感觉你是一个可信之人。

2. 诚实对待客户

在销售行业，一个出色的销售员不是完全靠口才堆积成绩的，而是靠信誉、靠人品，在如今企业用人的标准中，品德第一，能力才是第二。销售员在推销产品时，一定要从客户需求和利益角度出发，真诚地为客户服务，绝不能欺骗客户，更不能有半点虚假或者夸大其词。

3. 大方地面对产品的缺陷和不足

任何产品都不可能十全十美，比如包装、价格等方面，只是要看这些缺陷和不足有没有对客户造成困扰和影响，有些不足可以忽略，但有些则不可以。销售员在推销产品的时候，一定要诚实地跟客户说清楚，不然等到客户找上门追问的时候，就不好回答了。

总之，在销售工作中，销售员只要尽自己的力量来做好工作，诚实守信、实事求是地对待客户，这样才能与客户沟通起来更加顺畅，更能赢得客户的信赖。

循序渐进，心急吃不了热豆腐

很明显，销售员与客户沟通的目的是为了完成购买，都希望销售活动能简单地完成，于是，有很多销售员遇到沟通不顺的情况，就会显得急躁不安。实际上，销售员要明白，无论什么事，“心急吃不了热豆腐”，要讲究水到渠成，时机没把握好反而会让所有努力都白费。

有一些销售人员的性子太急，做事总是匆匆忙忙的，导致了销售活动的终止。

销售情景：

有一对夫妇姓杨，因为丈夫生意做得好，赚了很多钱，于是，杨先生在郊外给家人买了一套豪华别墅，这下子引起了很多保险销售员的注意，其中，就有个叫王强的。杨先生有个儿子，很调皮，搬到新的地方，自然喜欢到处看看，到处玩玩。

有一天，杨先生和太太一起逛街去了，让10岁的儿子在家看电视，可是回来的时候却发现，小家伙不见了，这可吓坏了杨先生和他太太，于是开始分头去寻找。他们还报了警，郊区本来就很大，找个小孩更是很难，但还好，警察和周围的一些居民都开始帮忙寻找。

但是，就在杨氏夫妇快急疯了的时候，王强这个销售员来了，他认为，此时正是可以推销人身保险和财产保险的时候，于是他凑到杨先生跟前，开始推销他的保险，当时杨先生很生气，没好气地说："拜托，等我把儿子找到再说好吗？"

谁知王强看杨先生没有反对更是喋喋不休，大谈保险的种种好处，还想让他停下来听自己讲，这下可把杨先生气坏了，他太太更是生气，杨先生忍无可忍地对王强大吼："你如果肯帮忙我把儿子找回来，那么保险业务的事情咱们日后找个时间再谈。但是，我警告你，你现在要是再跟我提什么见鬼的保险业务，就请你先滚出去！"

推销员王强被客户杨先生说得面红耳赤，夹着公文包灰溜溜地走了。杨先生这才注意到，这个保险推销员名义上是来帮助自己找儿子，实际上却早就计划好要来乘机做推销，这可把杨先生的肺都气炸了。他等王强走出去，就狠狠地摔了一下门。不过，最后，在大家的帮助下，杨氏夫妇还是找到了那调皮的儿子。

但是从此以后，杨先生很痛恨这个叫王强的推销员，当他打听到王强的底细后，由于好歹在商界有一定的名声，他跟很多经理和老板打了招呼，绝不买王强推销的保险，这下王强的业务情况就可想而知了。

分析：

情景中的保险推销员王强在销售行业有如此结果，是因为他不合时宜的推销，客户杨先生当时万分火急，可是王强却不知深浅，向客户推销保险，让杨先生很反感，事后又得知原来王强是以帮助寻找儿子为名，来推销保险的，就更加生气，可见，是王强自己断送了自己的销售之路。相反，如果销售员王强在客户丢失孩子的情况下，细心地帮助杨先生找到孩子，客户一定心存感激，事后再商量保险的事，说不定结果会大大不同。

急功近利，行事冲动，是很多销售活动失败的重要原因。销售员一定要拿捏好销售中的各种分寸，要给客户足够的思考时间，因为客户在作出买不买、买多少、何时买等购买决策时，都不是一时冲动，他们需要权衡各种客观因素，如产品特征、购买能力等，同时还要受到主观因素的影响，如心情好坏等。因此，作出购买决策是一个极其复杂的过程，并不是一蹴而就的。在这个时候，销售人员应该给顾客合理的考虑时间，并耐心等待顾客作出决定。

面对客户的推迟、拒绝，甚至刁难，销售员在与客户交谈时如果想做到不慌乱、不着急，就必须要放弃内心的消极心理，因为这些消极心理会直接导致销售员烦躁、不安，这对于实现销售没有任何益处，只会使其面临更多的问题。

那么，如何克服销售过程中焦躁不安的心理，让你的言谈更加理智、平和、有效呢?

1. 心态平和、不骄不躁

俗话说得好，欲速则不达，销售中也是一样，有时候，你越想给客户留下一个好印象，越想客户尽快购买，内心越急躁，越是无法完美地表达自己的想法，但如果心态平和，把与自己交谈的客户当成自己的朋友，肯定会轻松得多。

2. 有恒心，能坚持

“有志者、事竟成，破釜沉舟，百二秦关终属楚；苦心人、天不负，卧薪尝胆，三千越甲可吞吴。”

销售工作最需要的就是恒心和坚持，没有哪一次的销售工作一次就能成功，都需要不断坚持，在遭到客户的拒绝时，不要气馁，要给客户时间和机会来决定，然后利用自己的口才去打动他们。销售员在观察客户有欲购买的意向时，应立即抓住时机，然后一步一步让客户作出成交决定。

3. 沉默是金，以静制动

俗话说:沉默是金。销售员在与客户交谈有时也需要沉默，因为当你沉默时，会让客户觉得你实在为难，无法答应他的要求，这样以静制动，你会取得较多的利益。要知道，口若悬河并不是真正的口才。

一位姓张的老板，办了一家工厂，因为经营不善，不到一年的时间，生意就很冷清，很快，老板的工厂办不下去了，员工的工资也发不下来了。于是，老板想改行做其他生意，但首先，必须卖出以前工厂的器材，张老板还是想卖个好价钱的，毕竟器材都还是很新的，但是老板需要继续给员工发工资，心想:“能卖多少算多少吧，这钱要尽快到手，能卖到4万元最好了，如果别人压价压得狠，3万元我也咬牙卖了。”

终于来了一位买主，但是这位买主想尽量压低价格，于是，他在看完机器后，挑三拣四地说了一大通，几乎没有停过。张老板知道这是压价的前奏，于是耐着性子听完对方滔滔不绝的埋怨。

买主终于转入正题:“说实在话，我不想买，但要是你的价格合理，我可以考虑一下，你说个最低价吧。”

张老板静静地思考着:“忍痛卖还是不卖呢?”就在他沉默的那几秒钟里，他听到了一句话:“不管你想怎么提价，首先要说明的是，我最多给你6万元，这是我出的最高价。”

结果可想而知，因为沉默的这几秒钟，张老板就多赚了3万元。

并不是什么时候巧舌如簧都能收到最佳效果。俗话说，沉默是金，这是有一定道理的，在销售过程中，有时候选择沉默，不急于表现自己，才是更为高超的销售技巧。

“只要功夫深，铁杵磨成针”，这个道理每个人都知道。销售员成功推销出去产品也不是一蹴而就的，凡事都会有被拒绝的时候。对于客户的拒绝、刁难，销售员应戒骄戒躁，以平和的心态去与客户沟通。

即使被拒绝，也要调整好心态

拒绝，是令世界上每一个销售员都头疼的问题。但是，不存在拒绝，就不存在销售，真正成功的销售员，都是从被别人拒绝的难堪中一步步走出来的，如果一个销售员从来没有听到过客户的拒绝，那么他就不是一个真正的销售员，充其量只是一个订单接受者。在一定程度上，客户拒绝就像吃饭穿衣一样普遍常见，是销售过程中一个必然存在的部分。美国著名成功学大师杰弗里·P.戴维森曾说过："通常情况下，当客户说过7次'不'之后，交易就会成功了。"

如果作为销售员不能很好地处理客户拒绝，那么就很难得到客户的认同，也容易影响自己的心情。毕竟，经常被拒绝会令人变得非常沮丧。

销售情景：

客户试用完产品觉得不合适，准备离开。

销售员："这位小姐，请留步。请问您试过之后觉得还满意吗？"

客户："不满意。"

销售员（微笑）："我是真心为您服务的，并真诚向您请教：您能告诉我是哪方面不满意吗？因为这是我们店里新到的货，我们要及时地关注客户对它的反映。另外，如果您不满意这件上衣，我再为您推荐其他几款。"

客户："你这小姐服务态度真好，那行，还有什么新款，我再看看。"

分析：

情景中的销售人员在面对客户拒绝的时候，仍然以积极的心态向客户请教，这样的销售员才是合格的，即使这次她没有卖出去产品，但她谦虚、大方的态度会让客户感到她是以负责的心态来推销产品的，这名客户自然成了她的准客户。

的确，作为销售员，面对拒绝，你应该保持积极的状态，如果发现客户的拒绝只是一种自然而然的防范心态，就需要以比较温和轻松的方式继续沟通，如果客户真正地拒绝，那么就保持优雅的礼貌，把精力放在发展客户关系上，不论客户有没有购买产品，一旦建立了良好的客户关系，以后自然会拒绝变少，接受变多。

而要做到这些，销售员就要做到有个好心态：

1. 转换思维，正确看待被拒

销售界，没有拒绝就没有销售成功，累积一次次被拒的经验，就是一笔笔销售的财富。销售训练之父耶鲁马·雷达曼说："销售是从被拒绝开始的！"世界著名销售员齐藤竹之助也说："销售实际上就是初次遭到客户拒绝后的忍耐与坚持。"明白这个道理，销售员在被拒的时候，就不应该那么消极了，而应该有点阿Q精神，这种精神并非消极，它会让你面对挫折越战越勇。所以，推销中我们应把拒绝看成我们的路标，一路上数着被拒绝的次数，次数越多，心里就越兴奋，告诉自己达到二十次拒绝时就会有一个认同者了。

2. 要习惯被客户拒绝

对于客户的拒绝，销售员必须积极对待，并要逐渐习惯这种拒绝，其实，有时候，客户的异议与拒绝反倒是对产品感兴趣的表现，试想，如果客户对你的介绍充耳不闻，甚至漠不关心，那么，他就没有购买意向，你的努力也就是白费。所以，销售员要在心里鼓励自己说："被拒绝的次数越多越意味着将有更大的成功在等着我。"所以必须正面看待客户的拒绝。

3. 调整你的情绪

真正有成就的销售员是愈挫愈勇的，因为他们了解客户的心理。所有的客户基本上都会习惯性地对销售员有防御心理，他们也总是习惯于拒绝销售员，因为这样就能争取销售中的主动地位，拒绝销售员也是他们争取更多利益的武器，因此，在沟通的过程中，销售员千万不能因为客户的拒绝而表现得沮丧和恐惧，有时候，只要积极一点，即使已经被拒绝了，还是有挽回大局的可能。

如果每逢遭遇客户拒绝就情绪消极、轻言放弃，那么这样的销售员是很难获得成功的。无论最后能否实现成交，我们都应该以一颗平常心去面对。

4. 化解拒绝

(1)保持应有的礼貌。即使被客户拒绝了，销售员也不要忘记对客户保持尊重和应有的礼貌和态度，不要因为客户没有购买就横加指责，相反，一如既往地对客户礼貌有加，即使客户这次不需要，下次有需要的时候，一定会购买。

(2)坚持最后三分钟。有些客户相当反感死缠烂打的销售员，聪明的销售员能在客户的语言和动作中察觉出客户是否真的拒绝，对于那些有需求的客户，销售员不妨再坚持三分钟，告诉客户："三分钟，只要三分钟就好！"面对这样坚定、诚恳的语气，客户一般不会拒绝。销售员可以抓住这个机会打动客户，为接下来的销售打开局面。

(3)从拒绝中总结经验教训。要弄清楚客户不愿购买的真正原因，不断地分析自己的销售技巧，确定有待改进的地方，然后付诸实践。埃里希·诺伯特是德语地区最著名的管理和销售培训专家之一，他曾说过："不要害怕客户任何形式的拒绝，只要你抓住一个关键点：弄清客户拒绝购买的真正原因，那一切问题就会像医生找到了病因一样变得明朗起来。"

在销售过程中，很多客户都会在一开始就对销售员推销的产品表示异议，进而迅速否定。这往往令销售员非常沮丧。其实，客户提出异议是很正常的事，而这通常也是客户对你的产品感兴趣的一个信号。但是销售员在面对这种情况时，往往不是对客户提出的拒绝进行识别，而是想尽快化解客户的拒绝，但越是这样越会引起客户的不信赖。所以当遇到这情况时，销售员可以积极引导客户，让其说出产生异议的缘由，这样你才能了解事情的真相。

尊重但不要随意奉承你的客户

在销售界流传着这样一句话:尊重上级是天职,尊重下级是美德,尊重同事是本分,尊重客户是常识,而尊重所有人是教养。其实,不仅销售员在与人交往时要做到这一点,任何一位职场人士,都要做到这一点,尊重他人是与其进行良好沟通的基础,尊重他人就是尊重自己。

对于销售员来说,最需要尊重的恐怕就是客户了,但销售员同时要明白的是,客户虽然是上帝,但并不需要我们去膜拜,我们要做的就是不卑不亢、不俯不仰,尊重但不恭维,只有发自内心地尊重客户,才会赢得客户的尊重。

销售情景:

那还是20世纪30年代的时候,电在世界上还没有普及,美国一家电气公司有个推销用电的销售员,有一天,他到了一户富有的农家面前,叫开了门。开门的是个老太太,她一听是来搞推销的,二话没说就把门关了。年轻人并没有放弃。

很快地,他再次叫门,老太太只给他开了个门缝,然而年轻人依然礼貌地说:"很抱歉打扰了您,也知道您对用电不感兴趣,所以我这次并不是来推销电,而是来买几个鸡蛋。"老太太一听,很是奇怪,一个年轻人跟我买什么鸡蛋,但她已经消除了一些戒心,把门开大了一点,探出头怀疑地望着年轻人。

年轻人看出了老太太的疑心,继续说:"我看见您喂养的几只母鸡很漂亮,鸡窝里的蛋我也看见了的,我想买一打新鲜的鸡蛋回城。"

听到他这样说,老太太把门开得更大一些,并问道:"城里超市不是有鸡蛋吗,干吗非上我这里买呢?"

"因为,"年轻人充满诚意地说,"我妈妈年轻时候就是在乡下住的,她吃不惯城里的鸡蛋，她就说这里的鸡蛋好。"

这时候，老太太已经把门大开了，走出门口，态度温和了许多，并和年轻人聊起鸡蛋的事情。年轻人又指着院里的牛棚说："夫人，我敢打赌，您丈夫养的牛赶不上您养鸡赚钱多。"老太太被说得心花怒放。长期以来，她丈夫总不承认这个事实。于是，她把年轻人视为知己，带他去鸡舍参观。年轻人边参观边询问老太太养鸡的经验，并说如果能用电灯照射，产的蛋会更多。老太太似乎不那么反感了，反而问年轻人，用电是否合算。当然，她得到了完满的解答。

两个星期后，年轻人在公司收到了老太太寄来的用电申请。

分析：

这名年轻人乍看有拍马屁之嫌，但实则是对老太太的赞美，而且这是一种尊重，与拍马屁是有实质不同的。

销售员尊重和认同客户并不是阿谀献媚，那是一种发自内心的体贴和关怀，是一种内涵和教养，每一个人都需要被尊重，只有你尊重客户，对方才会以同样的态度对你。就如同这名年轻人一样，对客户说赞美之言，是发自内心的，是对客户的尊重。

那么，尊重客户应该从哪几个方面入手呢？

1. 说话时以诚相待

销售员要注意，在与客户沟通时，一定要以诚相待，让客户感觉到自己备受尊重，尊重别人就是尊重自己，自然客户也会敬重你。这表现在：

吐字清晰、音量要适中，不能给客户趾高气扬的感觉；

客户是上帝，无论客户提出什么问题，都要态度端正、微笑、愉快地回答，不要质问客户。

尊重客户说话的权利，别抢话也别插话。每个人都渴望被倾听，尤其是那些话语较多的客户，你的倾听会让他有一种被重视的感觉，而如果你总是打断他，他会觉得自己的话被人忽视甚至可有可无、不值得一听，这样，即使你说得天花乱坠，客户没有感受到你的尊重，也不愿意听下去。

2. 体现你的素质和修养

其实，销售活动中，销售员的一言一行，甚至不经意的一个动作、眼神都传达着销售员的素质和修养，而这也和销售结果有着密切的关系。销售员在与客户做生意的时候，一定要恭而有礼，这体现的不仅是修养，更是对客户的尊重。笑脸相迎、礼貌坐姿、热情待人、礼貌送行、严格守时，这些都是销售员应该学习的基本行为规范。

3. 尊重要发自内心

只有在心理上有尊重客户的想法，才可能做出尊重客户的行动。所以，销售员必须牢记："每个人在人格上都是平等的。"不要因为看不起人就在沟通时有着轻蔑的口语，也不能是当着客户一套，背地里有一套，那样迟早会让客户感觉出来你的诚意是有水分的，也许就是因为你这样就失去一次机会。

4. 千万别戳穿客户的假话

每一个人都会有虚伪的一面，李敖大师曾讲："千万别去戳穿情人的谎言。"同样，销售中也是一样，很多客户为了面子问题，有时候也会对销售员撒一些谎，而这些谎话，不管是善意的，还是恶意的，销售员都不要去戳穿它，自己心里知道就行了，否则就是伤其自尊心，结果可想而知。所以，销售员千万不要以自己能够戳穿客户的假话为自豪，认为自己有能耐，其实，这不过是小聪明而已，有时聪明反被聪明误。

5. 包容你的客户

人与人之间是有差异的，对于同样一件事自然可能会产生不同的意见和想法，而尊重别人的意见就是尊重那个人。同样，在销售中，销售员可能会与客户意见相左，不管是谁是非，销售员都要包容你的客户，保留他的意见，你可以告诉客户"您的观点也是有道理的，我不反对"等，当客户的意见得到了尊重，他也自然会包容你，甚至会被你的气度打动，而试图改变客户固执的意见，无异于冒险；不留情面地告诉客户的观点和看法有错误的行为，更是沟通中的一大禁忌。

总之，尊重客户就是尊重自己，这是一名优秀的销售员应具有的品质。当然，对于那些存心找麻烦、故意摆谱的客户，销售员也不能一味地礼让，要理直气壮地表达自己的观点，这样很有可能化干戈为玉帛。也唯有如此，才能赢得更多客户的信赖和支持，才会赢得客户对你的尊重，从而使交易进展得更加顺利。

销售中的恐惧只会导致失败

很多销售员，尤其是新手，因为害怕，在销售中总是出现恐惧心理，导致出现以下几种状况：当你面对客户准备介绍产品时，勇气就不翼而飞，大脑一片空白，畏畏缩缩无法开口，即使开了口，你还是手心冒汗、声音发颤、语无伦次，中断好几次自然是少不了的状况。或者当你拿起电话打给陌生客户时，不知道该说什么，即便说了也语无伦次、磕磕巴巴；陌生拜访时不敢敲客户家的门，即便敲开了也神色紧张，不知所云……

这些都是心理上的恐惧导致的，心理学上这样解释道："说话者由听者的表情、动作及眼神中，自认为听者对自己的说话方式及内容表示反对。"可见，在别人面前说话紧张的原因，就是你把自己的意识和注意力转移到了令你不安的对象身上，或者是你的潜意识中认为对方对你所陈述的内容不满，令你产生了犹豫或者恐惧心理。正如下面情景中的销售员一样：

销售情景：

在给周总打电话之前，销售员陈林已经做好了充分的准备：公司名称、经营范围、客户名称、公司规模等。

准备就绪后，陈林心想："今天上午一定要联系到周总，否则被竞争对手抢先,就不好办了。”陈林知道周总每天下午都不在公司,所以,要想找到他,通常在上午打他办公室里的电话最好。

可是陈林在打电话前却退缩了,想了很多情况,一直快到11点,他想,自己无论如何是要给周总打电话的,否则今天上午就将一事无成了,陈林终于拨通了周总的电话,可是就在电话铃响的时候,陈林的心里还在想,如果周总不喜欢自己该怎么办?如果周总不愿意与自己见面又该怎么办……就在陈林的心里暗自揣测的时候,周总接听了电话。

陈林急忙向周总介绍自己:“周总,您好,我是……我是××公司的销售员,我叫……陈林,今天给您打电话主要是想介绍一下我们的产品……”介绍完产品后,陈林脑门儿出了一头汗。

听完介绍,周总表示:“现在已经有好几家厂家与我们联系了,而且我们已经与其中的几家厂家进行过一些合作,所以我们不打算再花费精力与其他厂家再谈这件事了。”

周总说完之后,陈林心里又是一阵慌乱,他此刻早已将自己准备好的应对方案忘得一干二净!结果与周总的第一次交流就在草草的几句话之后结束,毫无疑问,销售也以失败告终。

分析:

很明显,情景中的销售员陈林失去了这一次销售机会,就是因为他在与客户交谈中,显得紧张,语无伦次。他的这一紧张表现,是因为他没有克服自己的恐惧心理。与客户交谈时,销售员越是慌乱、恐惧,就越容易导致销售的失败。我们不妨分析一下:

其一,销售员最重要的是要表现出自己的自信,有自信才能说服客户,而你的慌乱和恐惧,恰恰显示了你的不自信。

其二,客户总是喜欢和大方、健谈的销售员谈话并做生意,而对那些说话、行为扭捏的销售员不可能有好印象。并且,有恐惧心理的销售员,恐惧心理的作用下,销售活动往往会不断拖延,而此时,竞争对手已经乘虚而入,生意就这样被人抢走。就像陈林知道“客户周总每天下午都不在公司，所以，要想找到周总，通常就要在上午打他办公室里的电话”，但陈林直到11点才打电话，这并不是一个好时间，因为忙了一上午，客户在接近中午吃饭的时候都会有点疲劳，所以在接这种推销电话时也会有些不耐烦。

其实，仔细分析一下，便不难看出，销售员之所以与客户交谈时，神色紧张、语无伦次，通常是恐惧心理在作怪，而恐惧的来源是害怕被拒绝。要解决这一问题，销售员就必须勇敢、平和地去对待被拒绝。

只要从事销售这一行，销售员就要做好经常被拒绝的准备，良好的心态是每个销售员做好销售工作的前提。一位著名的行销大师曾说：“任何形式的推销，都是从被拒绝开始的，没经历过被拒绝，就不是真正意义上的推销。”然而，我们每个人都不希望被拒绝，所以当拒绝发生后，我们心情会变得非常糟糕，甚至想到逃避，不再愿意继续做这样的事——陌生拜访。要想与客户有效沟通、顺利成交，销售员就要做好被拒绝的心理准备，同时更要积极寻找克服恐惧的方法。比如，销售员可以做到以下几点：

1. 做足准备

做足准备是减轻恐惧感的最好方法。你可以做到以下四个方面：见面第一句话跟客户说什么、客户会有什么疑问、你该如何回答这些疑问、如果客户拒绝你该怎么办等。

2. 要会正面自我暗示

有些销售员在被客户拒绝以后，总是不断地在大脑中重复地想被拒绝后对自己产生的不利影响，越是这样想，内心越是恐惧。即使遇到新的客户，销售员依然带着这种心理与之交谈，于是，恶性循环，生意始终做不好。其实，当遇到客户拒绝时，不要把这些事放在心上，要想办法将其从自己的头脑中清除，并不断提醒自己，过去的失败并没有给自己造成任何损伤，它们给予自己的是十分宝贵的经验。

3. 锻炼在众人面前说话的能力

通常情况下，人们一般只会在面对很多人的时候，才表现得更为紧张和不安,因此,销售员不妨练习如何在众人面前自如地说话,交谈的内容多以轻松的话题为主,这样可以大大提高销售员与客户交流的勇气。

4.给自己难度,挑战自己

推销看似不可能销售出去的产品也是能让销售员克服恐惧的一种方法,比如,销售员可以选择一个时间,规定自己要向男士卖女士内衣,这看似不可能成功,但一旦成功了,销售员内心就会受到极大的鼓舞:推销看似不可能销售出去的产品我都有勇气进行下去,那么在面对准客户时,还有什么不行的呢?

5.给自己加强推销任务

在销售行业,销售员的生存状况是直接和销售业绩联系在一起的,也就是说,销售员越努力,拿到订单越多,销售员的成就感就越强。为了消除恐惧感,销售员在努力完成自己销售任务的基础上,可以为自己安排额外的任务,那就是要强制自己必须在单位时间内拜访一定的客户并取得一定的进展。比如,每天多拜访一到两名客户,多完成两三个订单。如有必要也可以为自己设定一定的奖惩措施,这样不仅可以激励自己不断努力,对于提高自己的销售业绩也会起到很大重要作用。

美国行销大师罗杰·马尔腾说:"恐惧足以摧残人的创造、冒险、大无畏的精神,它足以磨灭人们的个性,使人的精神机能逐渐软弱,大事业不是在恐惧的心情下所能完成的。"因此,销售员如果想完成推销工作,提高销售业绩,就必须摆正心态,克服恐惧心理,争取做到心无杂念,让自己彻底放松,时常鼓励自己,然后信心百倍地与客户沟通。因为一个人最大的敌人,不是对手而是你自己。

第三章

推销自己：让客户对你及产品感兴趣

销售行业是人与人打交道的事业，在与客户打交道之前，一定要让客户对你产生兴趣。如果你的消费者连你这个人都无法接受，他更不可能成为你的客户。所以在销售行业中有句名言说道："推销员在推销自己的产品之前，首先应该推销的是自己。"

能够把自己推销出去，产品的销售也必定能顺利进行。销售员与客户从初步接触、交涉，然后与客户建立信赖的关系，最后达到顺利成交的目的，可谓一个完美的销售过程。这其中，销售员最不可忽视的就是对自己口才的培养。

独具匠心的开场白才能吸引客户

销售员在与客户见面后，一般情况下，客户对销售员在进行几秒钟的打量后，会立即将注意力集中在销售员的语言上，这时候，就要看销售员如何开场了。好的开场白是成功的一半，销售员要想给客户留下良好的印象，将销售活动进行下去，就要完成一个精彩的开场白，然而这并非易事。因为，通常情况下，客户对销售员都会有防御和抵制心理，为此，销售员不妨一反常态，用异乎寻常的方法开场。

销售情景：

销售员："今天沟通的流程是这样的，我先为您介绍一下产品的各种功能，接下来讨论一下后期的维护问题。"

客户："现在讨论维护问题还为时过早。"

销售员："那么，我们讨论产品的功能吧。"

客户："我今天忙得很，改天再说吧。"

销售员："那您什么时候有时间呢？"

客户："你这人怎么这么烦呢？说了没时间。"

销售员无言以对。

分析：

这就是客户逆反心理的典型表现。上述的潜在客户对销售人员的提议并没有做深入的思考，便立即将自己头脑中的第一反应说了出来，直接反驳了销售人员的意见。他的一系列回答表明他对销售员推销的产品没兴趣，其实，这主要是由于销售员没有设计一个令人感兴趣的开场。

在这里，我们需要了解的是逆反心理并非真正反对，因此不能把它当成反对来处理。但实际情况是，一旦客户对销售人员所说或所做的事产生逆反心理，许多销售人员便会把这种情况当成销售异议来处理，他们认为如果能解决异议，客户的逆反心理就会自动消失。但是这种公式化的处理方法对于逆反心理是没有作用的，因为你不能压制客户表现自我价值的需要。那么在开场的时候，我们如何才能尽可能地降低客户的逆反心理呢？

第一，多问少说。

常规思维是销售员向客户陈述自己和产品，而实际上，这种方法正助长了客户的逆反心理，这是因为大多数的陈述通常有一个明确的观点立场，很容易被人抓住提出反对意见。例如："我们的产品声誉很好。"这一陈述就容易被持有其他观点的人反对，在他们看来可能是"是吗，我怎么听到很多不好的评论呢""我用过，真不怎么样"等，反正是与我们的陈述相对立。

要减少逆反心理，必须从预防开始。有时候，不妨多对客户提问，这样就可以调动客户的情绪，激发客户的兴趣。

第二，增加可信度。

在销售中，很多客户对销售员有抵制心理，是因为客户对销售员不信任，尤其是对初次见面的销售员，一般都有谨慎、防御的心理。但一般而言，销售人员在客户心目中的可信度越高，客户的态度就会越积极。

建立可信度应该是销售过程的主要目标，但可信度不是一朝一夕就可建立的，需要销售员长期的努力，当一个销售员让客户感觉到可以信任的时候，就很大程度上降低了销售失败的风险。可信度使得客户和我们的关系比较融洽，这样也就减少了客户逆反心理的发生概率，打开有效交谈的大门。人们总是乐于同自己信得过的人分享一切，客户同样如此，增加可信度，他们便不再将销售员拒之门外，而是主动会邀请你进行更深入的交往。

第三，激发客户的好奇心。

每个人都有好奇心，在销售中，销售员也可以激发客户的好奇心。

激起客户的好奇心是引导他们进行有效交谈的最佳途径之一。有好奇心的客户愿意更多地了解你的产品和服务，人们不太可能既好奇又逆反。

你可以观察到，当人们开始产生好奇心的时候，会谈的气氛会变得活跃起来，好奇心使得人们更加投入，注意力更集中，甚至身体也会向你靠拢过来。他们提出问题满足自己的好奇心，也就是要求我们的帮助。显然，客户不可能一边要求你的帮助，一边又把你推开。

第四，进行立场转换。

减少逆反心理的另一个方法是转换自己的立场，这样你得到的回答正好是自己想要的。在销售中可以问客户这样的问题："我来得不巧吧？""打扰您了吧？""下星期做销售演示是否太快了？"等。上述每个问题的回答似乎都是负面的，所以对方的逆反心理往往使他的回答正中我们的下怀，这一技巧就叫立场转换。

利用客户的好奇心设计开场白

虽然经常讲不能用第一印象去评判一个人，但客户却经常用第一印象来评价销售人员，这个印象的好坏决定了客户愿不愿意给你机会继续谈下去。万事开头难，做销售人员更是如此。但是，一个销售人员不能因难而放弃努力，应该做好充分的准备，设计一个有创意的开场白，这样客户才会有兴趣继续听下去。

开场白要有创意，要预先准备充分，才会有完美的表现。可以谈谈客户有兴趣、所关心的话题，投其所好，这样客户才会喜欢你、接纳你。

销售情景1：

一位销售员对客户说："您每天只花1毛6分钱就可以给卧室铺上地毯。"听到这句话，客户对此感到好奇。

销售员接着讲道:“您的卧室有12平方米,我们厂的地毯每平方米为24.8元,共需297.6元。地毯可使用5年,每年按365天算,这样平均下来,每天的花费只有1毛6分钱。”

销售情景2:

销售员赵某约见他的一位准客户,客户问:“你销售的是些什么产品?”

赵某说:“我们销售的洗涤用品都是纯天然的,比方说沐浴露,都是萃取的植物精华,不含一点儿碱性成分,甚至不小心溅到眼睛里面都不会有刺激、异样的感觉。”

客户一听,眼睛一亮:“真的吗?”

分析:

销售情景1中销售员一开始就用分解客户购买成本的方法引起了对方的惊讶和注意,继而巧妙地突出了产品质美价廉的特质。

销售情景2中销售员赵某介绍产品没有像背诵产品说明书那样介绍,而是在一开始把产品的亮点以吸引人的方式展示出来。

总之,我们的开场白一定要有创意,这样才能激起客户的兴趣。比如,销售员可以用“闪”卖点。“闪”卖点就是把最吸引人的产品卖点在客户面前一闪而过,激起客户的兴趣,进而使客户愿意花时间听完整个产品的介绍,从而成功地把产品推销给了客户。

美国杰克逊州立大学刘安彦教授说:“探索与好奇,似乎是一般人的天性,对于神秘奥妙的事,往往是大家最关心的对象。”对于客户不熟悉、不了解、不知道或与众不同的东西,往往会引起他们的注意,刺激他们的好奇心理。的确,很多客户对于构造奇特、款式新颖的产品有着天生的好奇心,并希望自己能率先使用,满足其求新求异的欲望。所以,销售员采用引起对方的兴趣作为开场白一般都能取得好的效果。

总之,在与客户首次见面交谈的过程中,销售需要正确把握客户的好奇心,让客户对你的产品产生浓厚的兴趣,这样才有可能把生意做成。

那么,如何有技巧、有礼貌地进行创意开场白及攀谈呢?当然,这些都需要销售员善于观察客户,并了解客户的性格、购买情况等。

1. 让对方认识到问题

"我了解到您公司车间的用电量每月超过上万元。这可是一笔不小的开销,不过,我们可以让这笔开销减少30%,因为我们最近刚推出的这款节能电动机已经成功地帮助近百家工厂改变了这个状况……"

"刘先生,目前,我知道贵公司出现了严重的'用工荒'问题,不过,许多服装企业也遇到了,由于无法保证企业每日的生产目标,众多企业正面临合同无法及时完成的问题,我建议您能了解一下我们最近推出的自动化生产设备……"

2. 巧设问题,引起对方注意

"从您公司发布的信息上看,我了解到贵公司每月光是制冷设备的维修费就要8000元,在这种情况下,您是否有降低这方面费用的打算?"

3. 激发客户的危机感

"吴先生,我相信您也应该知道,和平服装厂的张总上个月刚购进一套我们的无油生产流水线,正因为如此,该厂上个月的服装报废率下降了9个百分点,我想您应该对这样的设备也很感兴趣……"

同时,在创意开场白的技巧上,有以下需注意的重点:

(1)一定要事先准备好,才能稳操胜券;

(2)注意避免一些敏感性、容易引起争辩的话题。销售员在与客户接触之前,要对客户进行全方位的了解,包括客户的性格、兴趣、爱好等。另外,客户的隐私和敏感话题,销售员则要避免提及。

4. 一些特殊的开场方式

(1)可以以询问的方式开始,"您知道目前最热门、最新型的畅销商品是什么吗?"

(2)以肯定客户的地位及对社会的贡献为开始。

(3)以格言、谚语或有名的广告词为开始。

(4)以谦和请教的方式开始。

另外,在开篇快结束时,如果你能帮助客户更多地了解你提供的产品及服务对他的价值,通常对话能顺利进行下去:"如果我能向您展示我们产品带来的效率及成本优势远高于那些使用常规生产设备的服装企业,您会有兴趣和我讨论吗?"

这里要注意的是:要吸引客户的兴趣,一定要杜绝唱独角戏,那样不仅枯燥乏味,更会让交易无法进行下去。销售员不仅要把产品信息准确无误地传达给客户,更重要的是诱导客户提出疑问。一旦开启了互动式的问答,就标志着客户的兴趣已经被调动起来。

自抬身价,让客户主动接近你

我们发现,生活中,很多销售员之所以业绩平平,并不是因为他们没有能力,也不是因为他们不够努力,而是因为他们自己给自己定了位,觉得自己是本分的销售员,甚至觉得自己比客户低人一等,更不可能去突破常规,主动抬高自己的身价,在这种传统文化的压力和心理惯性的作用下,这些销售员往往比较从众、谦逊、收敛,这也是他们惯常的行为方式,他们销售业绩不温不火,始终没有较大的突破。

生活中很多业绩平平的推销员不习惯"自抬身价",甚至对此多生反感,认为那是"自吹自擂",是虚伪不诚实的表现,不是正人君子所为。其实,销售并没有一定的规矩可循,真正优秀的销售员反倒懂得如何自抬身价,让客户主动给名片,这样在客户面前就有一种权威感、一种可信任感。

那么,有些销售员为什么总是以一种消极和被动的态度来认识和对待"自抬身价"这个问题呢?很明显,这与他们内心根深蒂固的传统道德观念不无关系。毫无疑问，这些销售员更在乎他人的看法，如果在客户面前自抬身价，就可能会被人看作爱出风头、别有用心，在这种不张扬个性的观念下，销售员自然循规蹈矩，本分地进行自己的销售工作。

销售人员以自己的高身价为开场白，往往可以帮助自己避免老套，别出心裁，并使客户对自己产生信服感。

销售情景：

销售员："您好！我是A销售培训公司的杰克。我不知道您以前有没有接触过A公司，但您肯定知道A销售培训公司是国内唯一专注于销售人员业绩成长的服务公司。冒昧地打扰您，主要是考虑到您作为销售公司的负责人，肯定也会十分关注那些可以使销售人员业绩提高的方法。"

客户："是的，你们公司的销售培训的确在业界享有一定的名声啊。"

销售员："我想请教您几个问题(停顿)，您现在的销售培训是如何进行的呢?"

客户："是这样的……"

……

客户："对了，你给我留一张名片吧，方便联系。"

销售员递上名片。

分析：

情景中的销售员利用的就是通过介绍自己是某著名公司的职员，借助公司的名声和威信来提高自己的身价，从而来与客户交谈，首先在客户面前建立了一种威信，让客户主动提出要名片，这样有利于推销成功。

销售员要想在销售行业成绩突出，就必须学会表现自己，让客户看见自己的实力，客户才会相信你，也才会购买你的产品。其实，细心的销售员，在生活中，随处可以看见一些自抬身价的现象，比如明星的"包装"行为、要求提高片酬、资格老的员工要求加薪等。还有再简单不过的例子，在一定条件下,商人们会根据市场情况适当调整商品的价格,而有些顾客就是那么奇怪,商品低价时他们偏偏不买,等价格提高了,非得抢着买,并且称赞质量好,其实东西完全一样。而且,我们发现,只有理由正当合适,一般情况下,这些自抬身价的方法多半能成功。在销售中也是如此,很多客户在乎的是与自己交易的对方是不是够权威,可信度高不高,这就是为什么他们宁愿选择以高价与知名企业合作,所以,从另一方面说,销售员适时地抬高身价,还会以新的价格“成交”。

在现代职业生涯中,人也成为一种商品,每个人的身价都不同,有的人年薪5万,有的人可能年薪数十万甚至上百万。推销员也是如此,身价太低,顾客和身边的人看不起你,把身价提高了,反而觉得你真了不起,是个大人才! 所以在有些情况下,你可以适当自抬一下身价。

那么,销售员该怎样自抬身价呢?

1. 借助权威机构

例如:“小姐,我是××大学研究院的周雄,我拜访您的目的是想和您分享一个对您非常有帮助的信息。”

这个例子借助了权威的机构作为自己的开场白,达到开场即做到吸引、说服客户的目的。

2. 借助公司威望

例如本节的销售情景所讲到的。

3. 借助权威专家

“陈总,您好。我是××公司的销售代表。我们公司即将在本市的水上乐园为我们的新产品做一个大型的展览活动,另外,我们还请来了本领域的专家王和,他将作为本次介绍的主持人,我相信您一定会感兴趣。”

在这个开场白里,推销员向客户提到了行业领域的权威专家,来增加活动的专业性和正规性,从而让客户接受自己。

4. 借助自己的身份

当然,这种情况下,销售员本身就要有一定的身价,比如“打扰了,李总。

我是钱江，是××公司的营销副总裁，不知道您对我们是否了解，我们是一家营销培训公司，在上海和广州都有分公司，我们为××公司等多家知名公司提供了多种服务。”

在这段开场白中，该推销员首先介绍了自己的职位是“公司的营销副总裁”来增加自己的权威性，从而让客户信服，接受自己的培训服务。

总之，不管你处于什么职位，也不管你做什么推销工作，不必过于谦虚客气，适度地自抬身价吧，就算被人笑，也比自贬身价要好，而且只要“抬”成功了，你就会从中受益。对于大多数的销售人员来说，自抬身价还有另外一个好处——肯定自己，并成为敦促自己不断进步的动力。因为身价抬上去了，你就应该使自己各方面都跟上去，否则你的身价就保不住了。

巧妙提问，探寻出客户的真实想法

在销售中，是否能在一开始就引起客户的兴趣，在于销售员是否懂得运用语言的艺术。聪明的销售员会懂得巧妙地提出问题，从而在开始就了解到客户的真实想法，引导客户的思维跟着自己的导向走，因为说服的艺术并不是上演一场场独角戏，而是需要你来我往的相互交流，提出相应的问题，可以引导你的谈话对象去仔细地思考，然后说出他的意见与看法。

销售情景：

小张是一名电脑推销员，一次，在向某公司的领导推销电脑时，他很好地充当了顾问的角色。

“上次，您谈到电脑的性能可以满足3~5年的需求。这怎么理解呢？”

“使用寿命短，更新太快，是笔记本的最大缺陷，我们希望笔记本电脑能够用得久一点。”

“确实是这样。我记得几年以前,电脑的主频只有200多兆,现在的主频已经到了3.0G,是以前的十多倍。您觉得电脑使用时间的主要瓶颈在哪里?或者说三五年以后,笔记本电脑的哪些配置会成为使用的障碍?”

“我想听听你在这方面的看法。”

“您看看我这几年用电脑的情况您就知道了。我也是前几年买的电脑,但现在的问题是,配置不够高,造成了这几年总是要升级硬盘。事实上,考虑到内存的升级最容易而且价格下降较多,内存现在只要够用就行了,以后可以很方便地升级。为了能够使您的电脑用得时间长一些,因此呢,我觉得您应该在CPU的主频和硬盘方面的配置高一些,显示屏应该使用19英寸的,这样在几年之内都会是顶级配置。”

“你建议的配置呢?”

“您也知道,现在的科技技术发展太快了,以前的奔四马上就要停产了,现在生产的电脑CPU有酷睿双核、弈龙和一些四核高端产品。而且Intel的CPU最近会降阶,我建议您采用E5300的CPU。您使用的数据量很大,考虑到以后升级硬盘时要淘汰现有的硬盘,所以我建议您这次的硬盘配到1TB。内存就使用2GB就可以了,屏幕选择19英寸的屏幕。”

“有道理,我就按照你的建议买吧。”

分析:

小张通过对客户的巧妙提问,摸透了客户的需要,这有利于正确地向客户介绍产品和推销产品,使得后面的销售工作容易得多。

一次完整的销售活动,少不了提问,善于提问的销售员,能更容易在一开始就把握客户的心理,摸清对方的需要,了解对方的购买意向和购买能力,同时,在开场的时候,更能带动客户的思维,启发客户思考,把销售的主导权一步步引向有利于自己的一方。同时,提问也能打破销售开场的瓶颈,消除客户的防御心理,从而打开销售局面,可见,提问是推进和促成交易的有效工具,它决定着谈话、辩论或论证的方向。

销售员在销售开场的时候,要想掌握整个交谈局面,也要学会设计一些问题,这样,你就有机会转换谈话机会,也可以找出客户的兴趣、问题、烦恼等,总之,销售人员可以将客户的注意力引到对自己有利的重要事项上来,从而在一开始就能掌握交谈的主方向。

在销售的开始阶段,了解客户的真实想法很重要,这就少不了提问,比如,你可以通过以下方式对客户进行询问:"……就是说,是否……"(话锋一转,向客户提出一个关键性的问题,以便引导他进一步表示意见或发言。)"……你的问题是不是就在这里?"(迫使客户下结论,或者使他重新考虑。)

同时,在提问后,客户并不能立即明白地说出他的疑问。这时销售人员应正确地采用提问的方法,找到症结所在,然后再"对症下药"。

在向客户提问的过程中,要求销售人员要善于运用提问的技巧,通过不断地向客户提问,了解客户真实的需求,确保客户清楚你所讲内容。

1. 询问客户的需求和观点

只有提问,才能摸清客户的真实想法,才能对客户对症下药,销售也就有了一个好的开始。

2. 适当提答案为"是"或"否"的问句

要确定客户有某一个需要,你应该把客户的需要涵括在提问当中(运用反映需要的言辞),引出"是"或"否"的回答。

例如:

客户:"我们现在用的笔记本电脑,它的电池使用时间太短,好几次在紧要关头就没电了。"

推销员:"所以您希望电池的使用时间长些,对吗?"(用选择式询问确定需要。)

客户:"是。"

3. 尊重客户

"我这样讲清楚吗?"

"你了解我的意思吗?"

"怎么还不明白!"

在上面三句话中,很明显第一句是最好的,它暗示着如果客户没有搞清楚,那是销售人员没有讲清楚,是销售人员的责任。第三句在你的销售过程当中是一定要避免的,因为客户会认为销售人员在贬低、嘲笑他的智商,这样只会引起客户的反感。

别做无用功,快速"擒住"拍板人

俗话说:"打蛇打七寸,擒贼先擒王"。销售活动中也是这样,成功的谈判从确定谈判对手,找到对方关键人物,也就是掌握决策权的拍板人开始。要想让客户对你的产品感兴趣,首先要找到谁才是你的客户。

谈判中的每一环节对谈判的成败都有影响,其中影响最大的就是谈判中的拍板人。要想把握谈判的主动权,成功地谈判,这就要求销售人员找到对方的拍板人,从拍板人出发把握谈判的成败。

在销售人员准备谈判之前,需要先设法弄清谁是谈判团体中的关键人物。很有效的一种方法就是设法知道对方组织内部决定作出的程序,以及与己方谈判的人员在谈判对方内部是否有决策的资格,即个人的地位、权威、力量等。了解谈判对方组织中拍板的决定是怎样作出来的、谁具有决定权、资金由何而来,等等。

销售情景:

地产公司销售员小秦终于接到一个客户的电话,说要去看房子,小秦自然很殷勤地给客户介绍,在询问客户需求的时候,小秦发现,在这对夫妇中,丈夫很听从妻子的意见。

"买那么大的房子没用,挺浪费钱的。"丈夫这样说道。

“哪里没用，以后还要添个孩子，爸妈也要过来住。”听妻子这么一说，丈夫说：“你想得总是周到。”

后来，看房子的时候，妻子对离社区健身房很近的一套房子很感兴趣。丈夫这时候说：“健身房太吵，不好。”但小秦还是建议：“太太您看，从这个角度就能够看到健身房，而且这间房离健身房很近。”结果，虽然先生对推荐的房屋很不满意，但是这对夫妻最终购买了一套离社区健身房很近的房屋。

分析：

情景中的销售人员的精明之处就在于懂得了擒贼先擒王的原则，因为，一般的家庭，在生活与购物方面都是女方拿主意，所以那位销售人员只是千方百计地打动女方的心，最后取得了成功。

的确，在销售中，最怕的就是出现这种状况：双方经过了激烈的谈判，好不容易快达到购买促成阶段，可是对方却来了一句：“不好意思，这件事我还是做不了主，等我向上级领导汇报完之后，再和你详谈吧。”这句话会犹如给销售员的热情泼了一盆冷水，销售员要做的也只有等待，可是一般情况下，这种等待是遥遥无期的，销售员的前期工作也差不多是付诸东流了。

所以，销售员要想避免这种情况的出现，就是在谈判未开始之前，先找出对方的拍板人，如果你不能确定对方是否具有这样的权力，也就不要冒这样的险。

那么，当客户说出“我还得就这件事向我的上级汇报一下，只要他能批准，那么一切就能定了”时，我们该如何应对呢？

1. 主动要求安排时间与拍板人见面

推销员小吴在向客户郑先生推销他的产品，在成功说服郑先生之后，郑先生说：“我得跟我的上级领导商量一下。”

小吴问道：“那下周我来见您和您的上级怎么样？我们可以一块坐下来谈谈产品的事情。”

郑先生说：“我想我们今晚就可以谈，我会向我的上级解释的。”

“如果我今晚给您一份您满意的建议书，您会马上就签字吗？”

“哦，当然我得先跟上级说一声。”

“我明白了。那他理应参加我们的会谈，所以我想见他。”

“但我自己可以向他解释。”

“我花了几个月的时间才详细作了一份向您建议购买的策划书，并经过这么久才向您解释清楚，我想您要在一晚上彻底弄清楚并向别人解释不是件易事。”

“不是很简单吗？”

“问题是，如果您的上级不满意其中的一些条款，您该怎么办？”

“那我猜他不会买的。”

“但如果我在场，我会答复他的疑问，并告诉他可以按照他的想法修改，而且保证产品让他满意，我想应该坐下来跟他谈谈。”

小吴接着说：“我不想让您向您的上级推销产品，因为那是我的工作。您已经告诉我这种产品对您的公司提高效益很有益处，您想尽快购买，对吗？”

“我想是的，我马上给他打电话。”郑先生答道。

过了一周，小吴跟郑先生和他的上级见面了。他用了一两个小时回答了客户领导的问题，并且成功说服了对方购买自己的产品。

2. 找到拍板人的方法

不同的公司、单位对于的购买决策权是不同的，找到决策者可能是一个复杂的过程，你需要和许多人打交道，并且过程也可能很复杂。下面几条建议会帮助你找到决策者。

(1)比照法。这种方法的意思就是，在同一行业里，负责采购流程的拿主意的人差不多是同一层次和类似职位的，在销售活动开始前，你可以询问这行业有经验的朋友等。

(2)从高层开始。尽可能在纵向的层面上，从高层开始。

(3)资料查询法。这一方法运用的前提是，与该公司有业务上的往来，你手里也有该公司一些决策人的资料,这就能找到相应的负责人。

(4)开门见山式。当然,这也是要在轻松愉快的情况下问的,比较适用于上门推销:“张太太,这件事是由您决定,还是和家里其他人一起决定?”

总之,如果发现和你谈判的人并不是销售购买的拍板人,你就不要过多浪费时间,开局一定要快,但要注意保持气氛的缓和。这时候,一定要果断,找出能做主的拍板人,而不能浪费精力。当然,还是必须过好眼前人的这一关,这就要求销售员在催促对方向上级汇报的过程中,要对事不对人,更不能攻击对方,要注意气氛的友善。所以销售人员可以采取攻心的策略,使对手感到你的友善,从而鼓励他与其上司协调谈判条件。

善加诱导,提升客户的期待

欲擒故纵法,就是在交易开始时,为了让客户有进一步交易的兴趣,从而故意放慢速度或先冷淡对方片刻,然后再激起对方的兴趣,从而慢慢促成销售的方法。在词性上,“擒”和“纵”是一对矛盾,但用辩证的眼光看待时,它们在一定条件下是可以互相转化与调和的。

销售情景:

老杨的车开了5年了,想换一辆新车,就准备把旧车卖了。有一个车行老板来看,一句好话都没有说,把他的车子评价得一文不值,老杨因此闹了一肚子火,还没有等他开价,就下了逐客令:“你走吧,这车我不卖给你了。”

第二位车商来看时,第一句话就是:“这车怎么保养得这么好!”

老杨说:“我很少开,自己又不抽烟,所以很干净。”

车商:“难怪,这车5年了,跟新的一样,你一定很讲究。”

这话说到老杨心里去了,两个人就在那里聊起来,最后车以18万元成交，离老杨原来想的20万元的目标，只差了2万元。

分析：

在销售行业，有句老话为“先要降低对方产品的价值，才能方便砍价”，第一位车商就是运用这种方法，但是他的话语严重伤害了客户的自尊心，把客户惹火了，客户宁愿失去成交的机会也不愿继续交易，从而失去了后面谈判的机会。很明显，这种做法不是明智之举。而第二位车商，反其道而行，多夸赞对方，把对方夸得心花怒放，最终轻易取得了他的信任，得到了让价和最后的成功。

其实，很多销售员为了把握销售的主动权，在与客户初次沟通的过程中，只是一味地步步进逼，于是给客户带来了很大的压力，而一个人承受压力的程度是有限的，过多的压力就会让客户心生反感，而放弃和你的沟通。相反，反其道而行之，如果使用欲擒故纵的方法，先让客户暂时获利或暂时对他们淡漠，解除他们的反感和警惕之心，反而更容易推销出自己的产品，成功占领市场，达到“擒”住客户的目的。

那么，在与客户面谈的时候，销售员应该怎样与客户谈判呢？

1. 体验产品

这是一个比较好的欲擒故纵法。这种方法的好处是，客户会自己去体验，效果往往比语言更有效果。并且，客户在体验产品时候，因为是免费，一般都会踊跃参加。因此，在与客户面谈的时候，可以带上产品。在他们试用这些产品的过程中，如果喜欢上了产品的功能和特性，试用结束后往往就会掏钱购买使用，从而从准客户变成了客户。试用产品这一方法，很容易提高产品的知名度和市场占有率，一个忠诚的客户所带来的商机也是不可估量的。

2. 限量销售

在给客户体验产品后，让客户自己对产品感兴趣并在短时间内作出决定，那就是限量销售，限量销售主要指通过控制日销售的产品量或产品总量,来诱导消费者,从而提高产品知名度和受欢迎程度的一种方法。很多客户一听到是限量销售,在面谈的开始阶段,就下决心购买。

在美国的唐人街,华人众多,有一位老板在这里开了一家腊味商店,出售的是全手工制作的各种腊味,货真价实,风味独特,很受顾客的欢迎。但这家店有一个规矩,就是每天限量生产,卖完之后就不再销售了。哪怕顾客强烈要求做一些,也不做了。

当有顾客问老板为什么时,老板回答:"店里人手不够,若是做多就保证不了质量了。请您见谅。"

人都是这样,得不到的都是最好的,越显得弥足珍贵。腊味店的老板其实也并不是限量保质,只不过是利用了客户的这一心理,用的也就是欲擒故纵法。

3. 赠品和打折

这是利用客户都有图便宜的心理,这也属于欲擒故纵法,但事实上,赠品大多只是一些便宜的微不足道的物品,但正因为这些物品的吸引,让客户有欲望去了解产品,才会为我们的销售活动打开局面,才有可能促成交易。

在日本奈良,有一家超市的打折方式是独特的,它首先制订打折的期限,第一天打 9 折,第二天打 8 折,第三天打 7 折……依此类推。

所以顾客如果想在打折期间购买自己喜欢的产品,就可以在喜欢的日子过去。如果你想以最低的价格买,就可以在打 1 折的时候购买。但是,你要买的东西并不能保证会留到最后一天。

这种促销的方法就是抓住了客户害怕失去的心理,首先,大家会观望,不会在第一天或者第二天就去急着买东西,但在第三天,就是打 7 折的时候,不少人害怕自己想买的东西被别人买光,就忍不住了。在第四天就会出现抢购的热潮。

4. 学会“低价留尾”和“高价留尾”

在销售活动开始时，客户难免会问到价格问题，这也是一个敏感话题，销售员处理不好，就很难将销售活动进行下去，甚至有失败的可能。在价格上，销售员也要学会欲擒故纵，可以采用“低价留尾”和“高价留尾”。“低价留尾”，就是报个低价，但规定一个比较大的起订量，甚至大大高于你所估计的客户可能的订购量也没有关系，关键是用低价钩起客户兴趣，又为将来的涨价提供依据，“订量不够当然要贵一点点嘛”。“高价留尾”，就是报高价后，故意规定一个小的订货量（估计客户不难达到的量），并许诺如果超过此量，价格会有折扣。此外，还可以根据付款方式等的不同，给予较大优惠等。

如何快速确定谁是准客户

作为一名销售员，当有一定销售准客户的时候，才有可能交出漂亮的业绩单，可以说，准客户是销售员成绩的来源。而许多人之所以没有成为成功的销售员，原因正是没有注意到准客户的重要性。我们所面临的问题是如何去找这些准客户。要想成为一名成功的销售员，就要多发展那些潜在客户，使之成为真正的客户。

销售情景：

一个销售员挨家挨户地推销化妆品，当遇到一位挑剔的夫人时，感觉有了希望。她尝试了好几种试用装，并询问了很多问题。销售员都一一替她解答了。可最终在她决定要买时，她丈夫回来了，一句不同意便将这位销售员所有的努力化为乌有。

分析:

其实,很多人都和情景中的销售员一样,因为没有找到准客户,即使努力付出,也是白费心机,正如罗伯特·马格南有一句名言:“如果你想把产品卖出去,就得去和那些有购买决策权的人进行谈判,否则,你就会徒劳无功。”因此,当我们与客户交谈的时候,向客户介绍产品,处理客户异议都是其次,我们首先要做的就是掌握方法,确定准客户。

1. 要明白什么样的客户才是准客户

(1)有购买意向。

这是销售员最应该了解的信息,因为向没有需求的客户推销产品,无异于是浪费精力。有购买需要的人才能称为准客户,只有当客户具有购买意向,对产品有需求,他才有可能接受你的各种介绍,才会给你交谈机会,而那些没有购买意向的客户,即使你把产品吹嘘得天花乱坠,他也不会购买,只不过是一个倾听者而已,不会付诸购买行动。

但我们不能排除其他情况的出现,比如对现在没有、但将来可能有产品需求的客户,销售员就应该采取各种方式,比如劝说或者使用广告,使其变成潜在客户,变不可能为可能。

客户的购买意向一般会在语言、行动甚至不经意的一个眼神之间表现出来,这些都需要销售员及时发现并抓住,但如果销售员没有及时发现客户的购买信号,不能适时地加以促成,很可能就会错过这单生意。

销售员要留意客户的这些行为,这些都是有购买意向的表现。

①对产品的某一方面或者某几个方面特别关心,一直反复提问。例如,产品的性能、规格、型号、运输、包装等。

②讨价还价。例如:你要是不降价我就到别人那里买了。

③对涉及产品的资料很好奇,主动要求看。

④语气变得缓和,不像刚见到你时那样横眉冷对,并且开始询问有关售后服务的事情。

客户的表现也许不像上面所提到的那么典型化，这就需要销售员在跟客户交谈的过程中仔细地观察、分析和揣摩。一个销售员在交易过程当中，应该充分了解顾客心里的想法，才能在适当的时候提出成交的要求，从而达到自己的目的。

(2)有购买能力。

根据人们收入多少的不同，购买能力也不同。比如收入较低者就无力购买奢侈品。一般来说，穿戴服饰质地优良、样式别致的客户，应该有较高的购买能力。推销员通过观察客户的服饰打扮，大体上可以知道客户的职业、身份及购买力水平。当然，这也并不绝对，因为也有一些客户并不怎么注重穿着打扮。

(3)有购买权力。

要实现销售，你最好还是要找具有决策权的购买者。正和情景中的销售员一样，找不到具有决策权的人，销售难度会大很多。比如，销售员要了解，一般的家庭，基本上是女主内，男主外，尽管男人挣钱，可女人一般掌管财政，当然，这也不是绝对，销售员要善于观察，根据不同的情况，作出具体的应对计划。

当销售员的客户是一个团体的时候，销售员一定要通过各种方法找到决策人，也就是有购买决策权的人，一般情况下，没有决策权的客户会直截了当地告诉你："这件事不归我管，我没有做决定的权利。"对于这样的客户，最好在对他表示感谢的基础上向他询问负责人的名字或头衔。如果他真的不是负责人，他一般情况下会告诉销售员问题的答案。如果他对销售员的询问并没有明确的答案，那往往表明他就是负责人，这种情况下就需要继续努力地向他介绍自己的产品了。

在调查过程中，销售员一定要确认未来的客户联系人是决策者，如果自己的联系人无权作出决定，销售员需要再进一步挖掘，了解和真正的决策者取得联系有多大困难。毕竟，只有和决策者进行联系才有可能达成销售目的。在一个销售过程中，可以把客户公司的人分为发起者、影响者、决策者、执行者和使用者,销售员要加以辨别。

(1)发起者,就是首先提出采购建议的人,一般在一些企业中,使用部门有这个权力,但大型的公司和企业在采购时,一般都是战略性的,发起者也就是决策层。

(2)影响者,就是他的看法或者建议会对最终决策产生影响的人。比如对于大型的企业,做一次大型的采购活动的话,公司董事会询问股东的建议,那么,这些股东的建议就会影响到整个购买活动,比如,购买量,选择哪家的产品等。

(3)决策者,就是对是否购买、何时购买作出最终决定的人。销售是否成功,往往取决于决策者的意图。一般来说,决策者是客户公司的中高层管理者,对于资金有一定权力的人。

(4)执行者,即实际购买产品或者服务的人。在决策者作出购买决定后,他们一般会按照计划执行,这一般是采购部门的任务,关系着交易活动能否顺利进行。

(5)使用者,即产品最终使用者和受益人。使用者对产品的评价,对能否与客户顺利交易同样有重要的影响。所以在销售过程中,要知道产品最终由谁来使用,对产品的满意与否,要保证与他们进行有效的沟通。他们是决定下一次是否还与你合作的关键人物。

2."客户就在这些人当中"

销售员若是经常怀有这样的观念"这个人肯定不可能成为我的客户",而只愿意接触那些明显的客户,那么销售就会走入绝境。

有这样一个故事:

一个农夫非常勤劳,于是上帝告诉他,海边有一块石头比其他石头都热,它可以点石成金。于是农夫来到海边,在成千上万块石头中开始寻找那块可以点石成金的。他捡起一块石头,再摸摸别的,总觉得拿起来的不如其他的热,于是便一块块地扔进大海,继续寻找。终于有一天,只剩下最后一块石头了，可这块石头并不如他期望的那样可以点石成金。

寻找客户时，不能总是想着“找到更热的石头”，要认真对待我们捡起来的每一块“石头”。无论在哪里，不管面对什么样的人，都要有“客户就在这些人当中”的精神，然后再判断是否具备准客户的上述三个条件。

第四章

产品推介：怎样让客户对产品爱不释手

在销售的过程中，产品介绍是一个重要的环节，这个产品是否能够得到客户的认可，客户是否愿意掏钱来购买，关键就在于产品介绍是否到位。如果销售员在产品介绍时能给客户留下深刻的印象，那么就已经为成交奠定下坚实的基础了。在介绍产品的时候，销售员要记住，一定要首先明白客户的需求，然后有的放矢，调动客户的想象力，让客户参与进来，同时，适当掌握一些报价的技巧，用你撰写的产品说明来辅助你介绍，让客户对你的产品一见钟情，你的产品介绍工作也就起到作用了。

Business Strategy

鼓励客户参与体验产品

介绍产品是销售中不可避免的重要阶段,更是让客户拿主意的关键阶段。如果销售员在向客户介绍产品时能描述生动,并且邀请客户参与其中,不仅让客户听到,还让客户看到、摸到、亲身体验到,那么就能提高推销的效率,让客户更快地产生购买的欲望。

销售情景:

曾经在一个小镇上,有两个报童在卖同样的报纸。因为处在同一个市场里,所以两个人的报纸销量会你多我少。为了能多赚些钱,两个报童都非常卖力,他们每天都带着无比高涨的热情投入卖报工作当中。

第一个报童鲍伯是一个很勤奋的孩子,每天他都以洪亮的嗓音沿街叫卖,虽然常常大汗淋漓,但是买他报纸的人并不多。这让鲍伯很是苦恼。

第二个报童丹尼也很努力,但是他更多地把这种努力放在了动脑上,除了每天沿街叫卖之外,丹尼还会到一些固定的场所,直接向人们分发报纸,等到天黑的时候再把报纸收回来。起初,丹尼的工作有一些损耗,但是渐渐地,丹尼的报纸开始卖得越来越好了,买他报纸的人也越来越多,还常常有人为了买他的报纸在那些固定场所按时等候。后来,报童鲍伯的报纸卖得越来越少,不得不另谋生路了。

分析:

报童丹尼的报纸之所以卖得越来越好,就是因为他懂得让客户参与的道理。在固定地点,他将报纸分发给路人,傍晚收回来,可能在刚开始有一些损失,但是,通过这种方法,他与客户之间就有更多见面的机会,从而加深感情,这样,当客户再需要购买报纸的时候,就会不自觉地在他那里购买。先入为主,他也就占领了市场。而报童鲍勃虽然很勤奋,却没有使用正确的方法,没有让客户参与其中,也只能事倍功半。

从上面这个情景中,我们能发现一个道理,要想让客户对你的产品产生兴趣,就要让客户与产品之间建立感情,而这就需要让客户接触产品,参与到体验产品的过程中来,俗话说:“日久生情。”将其用在产品上也不为过,试想当你的产品成为客户时常可触摸、可耳闻、可眼见的产品常客时,时间一长,客户也就对你的产品有了印象、评价,甚至感情。随着对产品的不断了解,客户爱上你产品的概率就会大大提高。所以,想要让客户爱上你的产品,不妨让其与你的产品近距离接触,让客户参与到产品相关事件当中,使其成为享用产品、评价产品的人。

那么销售员具体应该如何做呢?

1. 让客户参与到问答的互动中来

想让客户对产品有更深的了解并产生兴趣,销售员不妨将产品介绍的过程设置为有问有答的互动。例如,当你为一名女士介绍完一款塑身内衣的功能和优点外,你可以问她对内衣有哪些要求,有什么特殊的产品诉求,比如在颜色上有什么要求。再例如,你刚刚介绍完一款印刷产品的品质,可以问问客户,他对印刷的质量感觉如何,或者最喜欢的机器型号是哪一个。然后,稍作停顿转而介绍下一要点。这样做的原因在于:如果停顿太久容易使客户的心思弥散,产生其他想法。例如,他或许会考虑往后拖拖,或仔细考虑一下价格。

让客户参与到问答及活动中来,可以让销售员比较好地掌握产品展示的场面和效果。而且,问句形式可以让销售员更好地引导客户,让其最终作出购买的决定。

2. 让客户亲身体验产品

只要有可能,就应当让客户自己来体验产品。例如,给客户推销香水时,在了解客户所喜欢的款式、味道后,你可以在客户没有异议的情况下,在客户身边轻轻喷一些，让她嗅到；化妆品销售员给客户推荐润肤霜时，都会替客户在手背上抹一些，让她接触到。

销售员在让客户体验产品时，应该告诉他体验可能的结果是什么，这样，客户才会将注意力集中到体验的正确方向上来，才能推进销售进程。

客户："那两种沙发的价格分别是多少钱？"

销售员："那把较大的2000元，另外一把3000元。"

客户："这一款为什么贵？"

销售员："先生，请您在两张沙发上都坐一下，比较比较。"客户依照他的话，两张沙发都坐了一下，一张较软，一张较硬。

销售员接着说："2000元的沙发坐起来比较软，很舒服，反而3000元的沙发您坐起来觉得不是那么软，那是因为沙发内的弹簧数不一样，3000元的沙发由于弹簧数较多，绝对不会因为变形而影响到坐姿。多出来的弹簧的成本就将近800元。它不会因为体重过重而受到磨损、松脱，因此，这把沙发的平均使用年限要比那把长很多，但价格只差了1000元。老实说，那把2000元的沙发中看不中用。"

客户听了店员的说明后，就买了那把3000元的沙发。

销售员通过让客户体验两把椅子的差别，进而解释两把椅子的不同之处，从而让客户心悦诚服地感到第二把椅子确实物有所值。

一旦客户对产品有了一些切身体会，他们就更容易联想起拥有产品之后的感受。所以，对于销售员来说，完全没有必要不舍得让客户使用自己的产品，客户只有亲眼看到效果，亲自感受到产品的好处，才会考虑购买。

3. 推销员要表明自己的态度

销售员自己的态度也决定了客户对产品的态度。试想，如果一个销售员都对自己推销的产品不屑一顾，那么，客户怎么可能会对产品感兴趣呢？推销员要想取得理想的展示效果，在向顾客展示产品时，就必须表现出十分欣赏并喜欢自己产品的态度。这给客户的感觉是,销售员对自己能成功地推销产品很有信心,因为产品本身就很值得推销。

4. 让客户回馈试用产品后的意见

在客户试用产品后,销售员一定要及时了解客户的反映,倾听客户的意见,适时对客户进行劝购。例如,在销售服装时,如果看到客户对某件衣服感兴趣,就可以顺势向其表达客户很适合这件服装,在客户试穿衣服时,销售员也可以顺势给予赞美,以提高这件服装对客户的影响度。

另外销售员还可以适当地做一些与这件服装相关的介绍,增加客户对服装的了解。这样一来,客户不仅在视觉上接触到了产品,也通过听觉加深了对产品的认识和了解,从而增加其购买产品的机会。

让客户的附加感情为你的产品加分

优秀销售员最重要的工作之一,就是找出客户购买这种产品背后的真正需求或价值观,然后调整自己的销售方式及产品介绍过程,让客户明确地感受到这一产品能够符合其内在的价值观,并满足他们购买产品所需要获得的感觉。

销售情景:

一位二手房销售员准备将手头一套老房子卖出去,其他同事都觉得不可能,因为那套房子实在太陈旧了,没有客户愿意去买一套这么老的房子,可是,这名销售员却说:“我去看了房子,那棵樱桃树会帮我的忙。”

后来,这名销售员带着一对夫妇去看这栋老房子。一进入院子,太太便发现后院这棵美丽的樱桃树,很高兴地对丈夫说:“你看,院子里这棵樱桃树真漂亮!”而当这对夫妇进入客厅时,却对陈旧的地板、掉皮的墙壁都不满意。销售员对他们说:“虽然地板有些陈旧,但这栋房子最大的特点是从客厅向窗外望去,可以看到那棵美丽的樱桃树。”然后,不管这对夫妇指出这栋房子有什么缺点,销售员都一直强调:“是啊,这栋房子是有一些缺点,但有一个优点是其他房子所没有的,那就是从任何一个房间的窗户向外望去,都可以看到那棵美丽的樱桃树。”最终,这对夫妇毫无怨言地花了50万美元买下了那套有“樱桃树”的老房子。

分析:

这对夫妇之所以会买那套老房子,并不是房子本身的价值,而是那棵“樱桃树”,人们购买某种产品或享受某种消费,是因为产品或者服务质量好或者价格低,当然,这是普遍的情况,但不尽然,有时候,客户心中有自己的消费需求,这并非产品本身所能带来的。也就是说,其实,每个客户在购买产品的时候,心中都有一棵“樱桃树。”

因此,我们在介绍产品的时候,一定要找出客户心中的那棵“樱桃树”,找出其需求所在,这样才能有的放矢地迎合客户的需求。那么,具体地说,我们应该怎么做呢?

1. 帮客户达到心中的“满足感”

销售员所要达到的最终目的永远是购买。于是,很多销售员不讲究策略,单刀直入,急于介绍自己的产品和服务,而这样做,很多时候会造成一些客户的反感,拒绝购买也就不足为奇了,因为销售员没有帮客户找到心中的诉求点,也就是没有购买的理由。所以,聪明的销售员,第一步做的工作就是找出客户购买这种产品背后的真正需求或价值观,然后调整自己的销售方式及产品介绍过程,让客户明确地感受到这一产品能够符合其内在的价值观,并满足他们真正购买这一产品所需要获得的感觉。

2. 降低客户心中的“不安感”

人类所有的活动都是趋利避害的,购买活动也是如此。所以每当客户说“我还需要考虑一下”,或说“我要回去跟家人商量一下”的时候,他们事实上在告诉销售人员：购买这种产品所能够给我带来的快乐，还不足以抵消由此可能带来的损失和痛苦。而一个销售员要想销售成功的话，就必须消除客户心中的各种恐惧和不安，让客户明确了解，购买产品是正确的选择。

3. 提升客户心中“增值感”

当今社会，人们购买产品，很多时候，已经不单单是为了满足本身的需求，而是为了升值，也就是能带来更多的利益，比如，购买机器，可以加大产量；更换新的设备，可以提高工作效率等。

每个人所关心的事物有所不同，这些销售员都必须明白，而且，每当你向客户介绍产品时，首先要了解他们最终所需要的到底是什么，不要一味地只介绍产品，而不介绍使用产品所产生的结果。要永远记住我们卖的不是产品而是结果，是购买这些产品所能得到的好处及利益，以及所能够满足的某些价值观。

4. 挖掘客户心中的利益点和抗拒点

专业营销人员的主要工作是找出客户购买产品的主要诱因，了解自己的产品到底能给客户带来哪些利益。同样，客户在购买产品的时候，不但有一个最重要的购买诱因，也有一个最重要的抗拒点。因此，业务员还要找出客户不购买这种产品最主要的抗拒点是什么。这样一来，业务员把自己所有的注意力都放在让客户了解并相信这种产品所能够带来的利益点，并且能有效地解除他们购买产品主要的抗拒点，客户就会购买你的产品。客户购买产品最主要的抗拒点因人而异，可能是产品价格，可能是售后服务，可能是竞争对手，也可能是你这个人等。

在销售过程中，客户的内心往往是挣扎的，因为他们会在利益点和抗拒点之间权衡，而销售员就是要找出客户的利益点和抗拒点，然后放大利益点，缩小抗拒点，也就是应该把大部分的注意力放在找出客户的需求，放在我们的产品能为客户做些什么。即使我们的产品具有的优点有 10 项，而真正能够吸引客户的可能只有其中的一项或是两项。所以我们必须花费 80% 以上的时间详细地解说这一项或是两项的优点，让客户能够完全地接受或相信,才能增加我们对客户的说服力。

实质上,每个客户心中都有一棵“樱桃树”,在销售过程中,当我们向客户推销产品的时候,要在最短的时间内,发现客户心中的“樱桃树”,然后将推销的精力多放在那棵“樱桃树”上,这样,便很容易与客户达成共识,形成情感的共鸣,当然,为了能买下那棵“樱桃树”,客户会毫不犹豫地买下你的产品。

巧手演示,开发客户想象力

人的想象力是惊人的,对于同一个事物,不同的人会得出不同的看法。因此,这就要求销售人员在销售的过程中,充分调动客户的想象力,将会对你销售的成功有很大的促进作用。销售员要学会用自己的专业语言为客户的想象力铺平道路,并限制或发展客户的想象空间,这就像制造一个固定的空间、固定的路径,引导客户朝着自己设定的方向想象,从而达到销售的目的。而在介绍产品的时候,你不妨巧手演示,也可开发客户的想象力。

销售情景:

通用电气公司在有些年内一直致力于推销一些照明设备,但有个小学一直不肯购买教室黑板的照明设备,销售员联系了无数次,说了无数的好话,但均无结果。正当这个难题无法解决之时,有个聪明的销售员想出了一个招儿,使得销售问题迎刃而解。他当着学校校长和老师的面作起了示范:他拿了根细钢棍出现在教室黑板前,两手各持钢棍的端部,说:“先生们,你们看我用力弯这根钢棍,但我不用力它就又直了。但如果我用的力超过了这根钢棍最大能承受的力,它就会断。同样,孩子们的眼睛就像这弯曲的钢棍,如果超过了孩子们所能承受的最大限度,视力就会受到无法恢复的损坏,那将是花多少钱也无法弥补的了。”

果然,他的办法奏效了,很快,那所小学就更换了所有的教室黑板照明设备。

分析:

在向客户介绍产品时,充分调动客户的想象力是非常重要的。让客户跟着我们的思维走,在我们预设的思想基础上去想象,客户对产品的印象就会更深刻,理解也会更透彻,客户自然就会对产品产生和我们共同的认知,销售活动自然就畅通无阻了。我们再看下面的案例:

在香港,有一家专营胶粘剂的商店,刚开始生意冷清,几乎是无人问津,眼看商店即将关门,这时候,商店的一名小店员为老板支了一招,生意竟然起死回生,甚至好上百倍,他们的宣传手段是独到的:为了让一种他们的新产品“好力万能胶水”广为人知,这名店员用胶水把一枚面额千元的金币粘在墙壁上,并宣称:“谁能把金币掰下来,金币就归谁所有。”一时,该店门庭若市,登场一试者不乏其人。然而,许多人费了九牛二虎之力,仍然徒劳而归。有一位自诩“力拔千钧”的气功师专程赶来,结果也空手而归。于是,“好力万能胶水”的良好性能声名远播。

销售员在介绍产品的过程中,通过产品演示来让客户信服产品的质量,直观的、实地的演示向客户传达了感性的体验,让客户有一个直观的想象,这不同于单调生硬的技术说明书,具有及时、生动、有效的特点,能引发客户的购买动机,直接刺激客户的购买欲望。所以,要想开发客户的想象力,销售员一定要把演示当成真正的销售工具,不但要用嘴去说,而且要动手去做示范。

那么销售员在向客户演示产品时应该注意哪些问题呢?

1. 示范要有针对性

销售员在介绍产品的时候,遇到最大的困难莫过于客户不信任自己,不愿意接受销售员的介绍，不愿意去了解产品的性能、特色等各个方面，那么，销售员此时就不妨换个方式介绍，用演示的方法，实效此时比语言更有力量。

但在演示的时候，销售员一定要重点出击，将产品最能打动客户的地方展现出来，这主要包括产品的特殊性能、最迎合客户的优点等，这里涉及客户的诉求点问题，有针对性的演示才并不会浪费时间和精力，让客户感受一下产品的“神奇力量”，比费尽口舌的作用大得多。

当然，演示也要注意一些问题，比如当你向客户介绍艺术品时，绝对不可以用手敲打，而只能谨慎而细心地触摸，使顾客在无形中感受到商品的尊贵与价值。而当你向某超市推销大批的洗衣粉时，你说得再多，还不如打开包装，用它清洗一件衣物，这才能展示它的神奇清洁力量。

2. 演示要新奇

一句古老的生意格言是：“先尝后买，方知好歹。”这句生意经的精髓是：要让客户认识产品，就必须把产品的优点展示在客户面前，让客户亲自体会到产品是如何的好。销售员通过新奇的演示手段，激发客户的好奇心，无疑是加深客户对产品特性了解的一个好方法。

销售是一门艺术，也是一种文化，不是简单的买卖，它是建立在人们消费思维上的一种策略。销售员要想把自己的产品卖出去，既要有高质量的产品，又要有奇妙的产品介绍方式。正如案例中的那枚金币一样，一枚金币可能买不来红利，但是买来了客户的信任，买来了公司的未来。

3. 演示时注意与客户的交流

在演示的过程中，销售员“唱独角戏”是介绍产品的大忌，只顾自己操作，而不去注意客户的反应，根本起不了演示的作用。如果在演示过程中客户主动提出问题，这说明你的演示已经对他起作用了，他也能跟上你的思维，接下来，销售员要做的就是针对客户提出的问题重点演示或重复演示，不能在演示中留下疑问不去解决。如果客户对你的演示表现漠然，你就不要急于演示下去，而是应该巧妙地利用一些反问与设问，想办法让客户参与进来。或者在示范时请客户帮点小忙，或借用客户方便而不贵重的用具等。总之在演示的过程中千万不能忘记与客户的交流。

把产品的好处说够，痛处说透

当我们走在沙漠中的时候，如果水用完了，太阳非常的毒辣，你的嘴巴快要冒烟了，这个时候有人过来卖水，哪怕矿泉水是一千元一瓶，我们也会花钱买下，这个时候，那不仅仅是一瓶水，而是救命的东西，它的价值远远超过一千元。同样，我们在销售过程中，仅仅让客户发现问题是不够的，还要告诉他如果这个问题不解决，会导致什么样的后果，招致多大的损失，而且必须得到客户的认同，就是要努力给客户制造痛苦，痛苦感越强，产品在客户眼里的价值就越高，就如同将客户放在沙漠里，你再向他卖水一样。这样的矿泉水才会值钱，人们总是先消除痛苦，其次才是追求快乐。产品销售的好坏，完全取决于客户感觉到的痛苦程度。

如果销售业绩不佳，一定是因为销售人员“好的没说好，坏的没说坏”，所以就不上不下，与客户的关系就不冷不热，最后业绩也做得“不死不活”。

销售情景：

李女士和丈夫小两口各办了一家企业。当卖保险的销售员小张去他们家拜访时，李女士接待了他。

李女士：“您好！小张，我们一家人都很认可你这个人，你确实很优秀，不过我不得不告诉你，经过我们一家人的商量，还是决定不买保险了。”

小张：“你能告诉我为什么不买吗？”

李女士：“因为没必要啊。”

小张：“怎么会没必要呢？”

李女士："你可能不知道，我以前是个购物狂，为此，花了很多钱，后来，我养成了一个习惯，在购买之前，都有一个习惯，当我决定哪个东西可买或可不买时，会问自己一个问题，问完之后，我就决定买与不买了。"

小张："关于保险的事，你是怎么问的呢？"

李女士："有一回我去国际商城看到了一个路易威登的包，好几万一个啊！这是一款新上市的包，其实，我不是买不起，你知道，可是，我的包已经很多了。那天，当我准备付款时，我一路在问我自己，不买会死吗？我得出的结论是，不会死。有别的东西代替吗？当然有。这次买保险，我同样这样问自己。小张我问你，你让我买保险，如果我不买保险，难道会死吗？"

小张："谢谢您提醒我，李姐。这一点我知道，没有谁会说，不买保险会死，但死的时候会很惨。当然不是你死得很惨，而是那些依靠你的人会很惨。因为你死了以后，他们悲痛万分。你是什么都不需要了，但是活着的人，他们万事艰难，需要很多东西，到那个时候你能够给他们的保障是什么？只有保险是唯一的以一换百的保障方法，没有任何代替品！"

最后，沿着这条思路，经过一番对话后，李女士终于在保险单上签下了自己和家人的名字。

分析：

情景中的小张抓住了客户这样的心理：掏钱购买产品会心痛，但只有两分痛。如果不买这件产品所造成的后果，有八分痛，那么客户一定会选择购买。

美国康奈尔大学科学家做过一项心理实验，为"意愿决定我们所见"的假设提供了有力的证据，证明人们在看东西时会无意识地按意愿进行选择，带有很大的主观性。

这个实验给了我们很大的启发：

家里的挂钟，12 点跑到了 3 点的位置，怎么看怎么别扭，即使够不着，也要垫个凳子上去把它扶正，而且是不用别人提醒的。同样的道理，在进行销售时，当客户的现状是歪的时候，我们必须给他树立新的正确图像。否则，客户一旦熟悉了歪的图像，他也会觉得自己现在挺正常的。

可见，要想让人主动做某件事，必须给他创造一定的需求。

人们买东西，正是因为有心理的需求，搞销售的，就是要把人们的那种需求明显化，然后表现出来，说服客户相信你所供应的产品或服务是物超所值的，这样就起到了销售的作用，赢得了客户的心。"挂钟歪了"的心理学原理告诉我们：人们内心有一个正确的图像，如果与现实出现了反差，歪了，就会产生认知不和谐，这时人们就会感觉有种压力，有种不安的感觉，甚至会因此产生一种动力——把它扶正。并且，这种动力是自动自发、自行负责的。当你给他树立了新的图像，树立得比较清晰后，客户就会瓦解原先在自己心中的图像，苛求树立新的图像，而如果你为他树立的图像刚好与他对新图像的要求吻合，客户自然会觉得满意，这样，你也就达成了你的成交目的。

所以说，当客户图像是歪的时候，当他的现状并不好的时候，他可能会忍耐、会将就，因为习惯了。销售员要完成销售工作，就是要把新图像给他树立清楚，为客户描绘出一个美好的图像。那么人内心深处最根本的需求是什么呢？可以用一句话来概括：追求快乐，逃避痛苦。这是人的本性，所以对于销售人员来说，要对客户做的工作也只有一个：把好处说够，把痛苦说透。

我们一定要学会利用网状激活系统打开客户的盲点。其实，客户一旦开始追寻目标，就能给自己寻找理由，并且比销售人员找到的还要多，客户如果能给自己建立起理由，销售就已经成功一半了。

帮助客户把好处想够，把痛苦想透，他就会愿意和你成交。你帮助客户想好图像，实质上就是建立一种意愿，一旦一个人心中有图像了，他就会自己给自己搜索，然后给自己建立起一种决定。

掏钱总是一件痛苦的事情，所以拒绝就成了一种本能。

面对这种情况，我们该怎么办呢？很简单：将"不买某件东西的痛苦"塑造够，使之超过花钱的痛苦，客户同样会愿意和我们成交。但这就要考验销售人员的个人素养了。

实际上,销售的整个过程就是一个不断为客户建立心中图像的过程。因为“追求快乐,逃避痛苦”是每个人购买产品的规律,所以我们在为客户建立新图像时,一定要“把好处说够,把痛苦说透”,这样离成交就不远了。

数据和权威能提高产品的可信度

“如果能用小数点以后的两位数字说明问题,那就尽可能不要用整数;如果能用精确的数字说明情况,那最好不要用一个模模糊糊的大约数来应付别人。”这是一家公司员工手册上的内容。的确,销售员在向客户介绍产品的时候,如果能用精确、权威的数字说明,会显示出我们的专业水平,从而会增加产品的可信度。

销售情景:

销售人员:“我是××公司切割机客户服务部的××,我这里有您的资料记录,你们公司去年购买了××公司切割机,对吗?”

王经理:“哦,对呀!”

销售人员:“我给您打电话的目的是,这个型号的机器已经不再生产了,以后的配件也比较昂贵,提醒您在使用时要尽量按照操作规程,您在使用时阅读过使用手册吗?”

王经理:“没有呀,不会这样复杂吧? 还要阅读使用手册?”

销售人员:“其实,还是有必要的,实在没时间阅读当然也是可以的,但机器的寿命就会缩短。”

王经理:“我们也没有指望用一辈子,但最近生意比较忙,切割机的任务也就多了一点,那如果坏了怎么办呢?”

销售人员:“没有关系,我们还是会上门维修的,虽然要收取一定的费用,但比购买一台全新的还是便宜的。”

王经理:“对了,现在再买一台全新的切割机什么价格?”

销售人员:“要看您选择什么型号的,您现在使用的是××公司 w554,后续的升级的产品是 v938,不过完全要看您每个月的切割机的使用频率。”

王经理:“最近的量开始大起来了,我还怕以前的那台切割机受不住呢。”

销售人员:“要是这样,我还真要建议您考虑用后续的了,它的承载量相对是前者的两倍。”

王经理:“您能否给我留一个电话号码,年底我可能考虑再买一台,也许就是后续产品。”

销售人员:“我的电话号码是8520××××转123。我查看一下,对了,您是老客户,年底还有一些特殊的照顾,不知道您何时可以确定要购买,也许我可以将一些好的政策给您保留一下。”

王经理:“什么照顾?”

销售人员:“v938 型号的渠道销售价格是10100 元,如果作为 w554 的使用者购买的话,可以按照八折来处理,或者赠送一些您需要的外设,主要看您的具体需要。这样吧,您考虑一下,然后再联系我。”

王经理:“稍等,这样我要计算一下,我在另外一个地方的厂房里要添加一台切割机。这样吧,基本上就确定了,是您送货还是我们去取?”

销售人员:“都可以,如果您不方便,还是我们送过去吧,以前也去过,容易找的。看送到哪里,什么时间比较好?”

……

后面的对话就是具体落实交货的地点、时间等事宜了。

分析:

这个销售员前后只不过花了30 分钟的时间,就出色地完成了一笔交易,我们可以发现,这个销售员在和客户沟通、介绍产品的时候,自始至终没有离开过数字。从这个情境中,我们可以得知,在介绍产品的时候,一定要显示出自己的专业素质,尽量权威、精确地介绍产品的各个方面,越是精确、越是权威的数字,越能让客户感受到你的专业,也就越能获得客户的信任,现在,很多商家都意识到了这种方法的重要性,所以各大商家在广告宣传中也引用了精确的数据说明,例如一般情况下,日化公司某些产品的广告宣传:

××沐浴露:"经过连续28天的使用,您的肌肤可以……"

××洗发水:"连续7天,你便没有头屑的烦恼。"

××牙膏:"只需要14天,你的牙齿就可以……"

和很多沟通技巧一样,使用精确的数据虽然具有十分积极的意义,但是如果使用不当,同样会造成极为不利的后果。为此,在运用精确数据说明问题的时候,销售人员需要注意以下一些主要事项。

1. 数据的真实性和准确性

销售员运用精确的数字就是为了引起客户的重视和信任,但如果数字本身的可信度有问题,比如数字不准确或者虚假、夸张等,就会引起和客户之间的信任危机,因为一旦客户发现这些数据本身有问题,就会对销售员本身乃至整个公司的产品产生质疑,这无论对于销售者还是企业,都会产生无法估量的恶劣影响。因此,销售员在用数字证实的时候,可以从以下方面入手:

(1) 用影响力较大的人物或事件说明。要想降低或消除客户对我们所罗列出的数字的质疑,我们在说明的时候,可以举出一些家喻户晓的大人物或者大事件。

比如:"某某明星从××年开始就一直使用我们公司的产品,到现在为止,她已经和我们公司建立了5年零6个月的良好合作关系。"

"这是某次奥运会的指定产品,仅那次奥运会就使用了68720箱这种产品。"

(2)拿出权威机构的证实结果。基本上,客户都是相信权威的,权威机构的证实就等于给客户吃了定心丸。当客户对你所列举的数据有疑问时，你便可以拿出权威机构的证实结果来打消客户的这种疑虑。例如：

“本产品经过××协会的严格认证，在经过了连续9个月的调查之后，××协会认为我们公司的产品完全符合国家标准……”

2. 仅仅罗列数据是不够的

精确数据的使用，当然会为产品质量起到一个很好的保证作用，但一味地罗列数据，会让客户找不到重心，也会让客户以为你在故作玄虚，对你产生厌恶感。所以，使用数据是有一定的原则的：

(1)合适的时机。要想让你的数据说明具有更强劲的说服力，销售人员首先要挑选合适的时机。比如，当客户对产品的质量提出质疑时，你可以用精确的数据来证实产品的优秀质量。

(2)度的把握。销售人员还要注重适度运用精确数据来说明问题，要懂得适可而止，不要随意滥用。

(3)数据的更新。另外，值得销售人员注意的是，很多相关数据是随着时间和环境的改变不断发生改变的，比如产品的销量和使用期限等。为此，销售人员必须及时把握数据的更新和变化，力求提供给客户最准确、最可靠的信息。

做到以上这些，销售员在介绍自己产品的时候，就多了一个胜利的筹码。

对比法让客户感到真划算

在推销的任何阶段，客户都有可能对你的产品的任何方面提出异议。同样，在介绍产品的时候，难免客户会提出自己所关心的问题——价格，这也正是让很多销售员头疼的问题，无论销售员怎么样介绍，客户总是嫌贵。

其实，销售员一定要做好准备，对客户的意见不能轻视，更不能心存芥蒂。嫌贵是很多客户的惯常反应，这才是你真正的客户，因为对你的销售没有意见或者不嫌你货的人，往往是走马观花的看客，他们是不会把精力浪费在你身上的。“嫌货才是买货人”，顾客之所以“嫌贵”，不正是说明他对你的产品产生了兴趣吗？顾客有了兴趣，才会认真地加以思考，思考必然会提出更多的意见。这是事物发生的必然规律。如果一个顾客对你的任何介绍都无动于衷，没有任何的异议，不用猜了，这个顾客绝对没有一点购买的欲望。

其实，客户嫌贵，是因为客户没有对同类产品的价格或者是对同等价格的产品有比较系统、全面的了解，只要我们善于对比，自然会消除客户对价格的疑虑。

销售情景：

客户：“M公司的设备比较符合我们的要求，而且他们的价格比你们的要低得多……”

销售员：“的确，他们的价格比我们的要低，而且他们的设备也不错。但是我们的产品更适合你们。首先每年贵公司的维修费都是一笔巨大的开支，产品的使用寿命是贵公司需要考虑的关键问题，又加上贵公司的生产方式需要一种高性能、高效率的设备，而且需要考虑设备长久的资源利用率，我们公司的产品刚好可以与贵公司的旧设备共同作业。您觉得呢？”

客户：“可是，你们公司设备的价格与他们产品的价格相差甚远，而他们公司的设备质量也不错。”

销售员：“他们的质量确实不错，这是一份产品的故障调查报告，我们的设备故障率只有1.2%，不知道对方有没有这样一份故障调查报告。据我所知，他们的故障率一直都是在5%左右。这样算下来，贵厂将会为此多付出几万块。”

分析：

情景中的销售员运用的就是对比的方法，让客户看出了产品的优势，综合考虑后的客户必然会作出正确的选择。

对比的方法能突出产品的特点和优势，对于说服客户有很大的作用。一般来说，对比有横向对比、纵向对比、同类产品对比、不同类产品对比等几种方法。无论哪种方法都是在传递同一个信息，那就是产品的优势。通过对比产品的性能、价格、服务等方面，来强调优势和特点。在介绍产品时，我们就要将这种优势告知客户，比如，我们可以向客户对比不同种类产品的优势，也可以将竞争对手的产品与自己产品进行对比。这两种是最常见的对比方式。通过对比让客户找到最满意、最适合的产品，从而加深客户的购买欲。总的来说，有以下几种对比：

1. 价格对比

这种对比方法，可以说是最常见的，是销售人员用所推销的产品与同类产品进行比较，用较高的同类产品价格与所谈的产品价格作对比，从而让客户明显感觉便宜的方法。但运用这一策略时，销售人员手中至少要掌握一种较高价格的同类产品，当然，掌握得越多越好，这样才更有可比性。

马先生是一家水果店的老板，生意每天红红火火，这主要还是因为马先生会经营。比如，早上打开店门，马先生就先把那些外观漂亮的水果拣出来，单独放在一边，价钱定得高一些，而那些在外表上稍微差一点的同类水果定价较低。

一天，他遇到这样一位难缠的顾客。“你的水果也不怎么样啊，1 斤也是 1 元钱吗?”这个顾客拿着一个水果仔细端详起来，还敲了敲，看看水果到底怎么样。

“呵呵，您放心，我的水果不能说是最好的，但肯定是这一片比较好的。您不信，可以和别家的比较比较。”马先生满脸堆笑，不紧不慢地说。顾客说：“太贵了，8 毛卖不卖?”

马先生还是笑眯眯的：“先生，我要是 1 斤卖你 8 毛钱的话，那之前买的那些人岂不是买亏了，而且，我这已经是最低价了，周边几个水果店卖的都贵些，您也可以去问问。”

不管顾客是什么态度，马先生一直保持着微笑。虽然这个顾客认为水果太贵，但最后还是以1斤1元买了好几斤。

“嫌货才是买货人啊。”马先生感慨地说。

其实，马先生不仅仅是服务态度好，他的销售策略也是十分高明的。他在摆摊的时候，就已经显现了，而且，他还善于把自己所卖的水果和别人的对比，“对比出效益”，客户自然见分晓。

销售员在作价格对比的时候，最重要的还是要把握客户的心理，和案例中的马先生一样，他看出顾客想买的是便宜的水果，而不是相对较贵的，“对比出效益”，马先生也并没有多说什么，而是让客户自己在内心作对比，可以说，马先生是个真正能读懂客户内心世界的销售员。同时，我们还看到，马先生对自己的产品很有信心，在客户批评自己的水果时，一点也不生气，这也体现了一个销售员的修养问题，然而，很多销售员在介绍产品时，一听到客户抱怨产品，就按耐不住心中的怒火，有的甚至和客户理论起来，这是断不可行的。

2. 价值对比

客户：“我觉得你们的设备挺符合我们的要求的，只是质量方面，我还是有点担心。”

销售员：“这个您完全可以放心，国家质检部门已经做过多次检验了，我们所有的设备合格率是90%以上，而且这型号的设备质量比其他的都好，它的合格率达到了95%，而其他公司的产品才85 %。”

客户：“是吗？”

销售员：“是的，您看，这是产品相关的质量合格证、质检部门的检测报告……”

客户：“是这样啊。”

销售员：“目前这款设备已经在全国20多个城市销售了100多万台，重要的是直到现在我们仍然没有接到任何关于这款设备的退货要求。所以，你大可放心。”

总之，只要价格合理，只要我们巧用对比，让客户感觉到物有所值，客户一定会购买。

文章撰写法介绍产品更显专业

在销售的过程中，产品介绍是一个重要的环节，产品是否能够得到客户的认可，他们是否愿意掏钱来购买，关键就在于产品介绍是否到位。如果销售员在产品介绍时能给客户留下深刻的印象，那么就已经为成交奠定下坚实的基础了。

而在销售过程中，很多销售员为了克服恐惧，建立自信心，在对产品进行介绍前，他们会撰写一份产品介绍书，来辅助产品口头介绍。如果说沟通能力是一名销售员的基本能力，那么写作能力则是一名优秀销售员的必备武器，良好的写作能力往往是一名销售员成为销售经理的“敲门砖”。虽然刚开始你还只是一名普通的销售员，但是如果你既具备良好的沟通能力，又具备良好的写作能力，那么你的业绩和职业前景一定要好于其他人。

销售情景：

林明是某布料厂的销售员，曾经做过机械销售的他手中积累了大量的客户。一次，他听说某服装厂需要大批的布料，正巧他曾经卖过机械给这家工厂。于是，他找到了这家服装厂负责采购的程主任。经过几次沟通之后，林明得知有一家强劲的竞争对手也同该厂洽谈合作事宜。于是，林明采用了书信成交的方法。书信的内容是这样的：

“程主任，既然大家的货色相同，对您来说，向谁购买都无所谓，可是对我却有完全不同的意义。所以,还是用我们的布料吧!我担保您会满意的!我知道,你们一直都是用他们厂的布料。如果他们的布料完全符合您的标准,我今天也就不会出现在您面前了,是吧?我们已经是老朋友了,当然会在之前的价格问题上再给你一些优惠,所以,咱们尽快把合约签了吧!以下附上的是我们公司的新产品的材料。”

而结果,一是客户被林明的诚心打动,二是他看到了林明的产品介绍写得相当好,让人耳目一新,于是,很快就给他送去了订单。

分析:

情景中,林明用的仅仅是一些真诚的文字,加上自己撰写的产品介绍,在这里,产品介绍起了很大的作用,因为有时候,语言虽然比文字更直观,但没有文字更能带动客户的思维。因此,比起销售员登门拜访,产品介绍文章能更好地组织比较复杂的材料,内容也更有条理,易于理解,还能在事后起到参考作用。要想成为销售高手,就必须增强自己的书面交流能力、增强自己的写作能力。恐怕情景中林明的这种销售方法很多人已经不再使用了。第一,这是由于现代社会网络和通信十分发达,许多公司都慢慢忽视了与客户的书面交流,于是很多销售员认为写作能力对自己是一项可有可无的能力。第二,很多人认为,介绍产品只要有出色的口才就行。但事实上,客户并没有减少对书面交流的需求。

那么销售员在撰写产品介绍时,应该注意哪些方面呢?

1. 有所侧重

销售员在撰写产品介绍的时候,一定要目的明确,有所侧重,也就是,你要明白,撰写产品介绍是要达到什么目的,要让客户了解产品的特点和优势以及要明白你的产品介绍能不能对客户产生预期你要达到的结果,同样,在撰写的时候,不仅仅是简单的产品罗列,还要注意,给客户一定的思考空间,比如,可以让客户带着问题去看你的产品介绍。

2. 避免语言错误

在撰写产品介绍过程中,正确的语法和拼写必须贯穿整个介绍文章。

销售员应该把产品介绍文章看成与客户建立更为巩固的关系以及促成交易的机会。文章的标点错误、语法错误、拼写错误或者缺乏说服力的内容都会在客户心中产生负面影响，进而给产品销售带来损害。

3. 掌握撰写技巧

很多新手在撰写的时候，为了避免出现错误，可以向前辈上司学习，或者利用他们提供的模板，可以让你的写作能力得到启发。具体而言，就是先去模仿一个优秀的范本，再依个人所需做适当的修改，通常就能派上用场。

在不断的重复练习当中，你要掌握其中的要领和诀窍，再逐渐地找到属于自己的写作风格。

4. 产品介绍要鲜活

销售员在撰写产品介绍时，还要注意一点的是，不能把产品介绍撰写成死板的产品说明书，一定要鲜活，比如可以用一些真实的事例作为论据。比起抽象的产品质量报告，具体真实的事例显得更加形象生动。

比如，销售员还可以把一些具体的产品检测报告、专家的研究或分析结果、产品的良好数据报告等放在产品介绍中，这些辅助说明能更好地说明产品的质量和声誉等。

5. 产品介绍一定要客观

正常情况下，无论是口头上的介绍还是撰写产品介绍，一般销售员都是围绕产品质量、功能、特性以及服务等方面展开的，也正是因为这样，导致很多销售员在介绍产品的时候，多少有些虚假、杜撰、卖弄或者吹嘘的成分，而这也正是客户所质疑的地方，因此，客观地评价自己的产品是每个销售员必须注意的一个问题，在撰写产品介绍时，推销人员需要注意以下几点：

不要运用太多客户可能听不懂的专业术语；

忌夸大产品的功效和优势，不要无中生有，要实事求是；

针对客户的实际需求展开撰写内容，要深入客户的内心深处，并且让客户感觉到他的需求就是你工作的重心。

6. 请同事或者上司把关

与人沟通，离不开“说”和“写”这两个手段，销售员是客户与公司之间双方互相往来的沟通桥梁，若因为产品介绍没写好而影响自己的业绩和职业发展，到时候就后悔莫及了。

一份重要的产品介绍书发出去之前，你最好先请上司或资深的同事批阅，因为有些错误你自己并不一定能看出来，多一个人把关，多一份保险，如果你只是自己埋头苦干，闭门造车，只会让自己原地踏步，没有发展。

7. 反复查阅

好不容易用书信表达一次，如果因为不注意细节而破坏了原本的美意，就太可惜了。所以，销售员在写完产品介绍文章之后应该反复推敲几遍，使内容简练而准确，流畅而优美，只有这样，产品介绍才会趋于完美。

第五章

需求分析：消除客户对产品的异议

没有异议，就没有顾客。销售的成交过程实际上就是处理客户异议的过程，把这个过程做好了，成交就是自然的事情了。但客户异议各不相同，销售员要掌握良好的口才技巧，认清客户需求，巧妙化解客户异议，从而达到成交的目的。

Strategy
Vision
Plan
Marketing
30%
15%
7%
48%
Management
Investment
Process
Research
Development
Teamwork

逐步引导客户，让其道出心中的“难言之隐”

销售员在与客户谈判的过程中产生异议，这是很常见的一种现象，正如有人说的“嫌货才是买货人”，对产品或者价格有异议的才是你的准客户。但在销售前，我们要事先揣测客户可能产生的异议，以及产生这种异议的原因。这样在整个谈判过程中，我们就能有意识地消除这些异议。

有时候，交易双方总是会在价格上或者其他方面不能达成一致，即使销售员一再退让，客户仍然不满意。这是因为销售员并没有准确把握客户的真实异议。其实，交易迟迟没有敲定，很可能还有其他隐藏的因素。所以，销售员要分析清楚客户的真实异议。聪明的销售员会在肯定客户的前提下，慢慢引导客户，让他说出自己的“难言之隐”。

销售情景：

保罗是一名保险推销员，他这个月还没有成交一单，这意味着他的基本生活保障都有问题，可幸运的是，他发现，他的好朋友邻居吉姆还没有买保险。

“我妻子说，我年轻力壮，不需要买保险。”吉姆说。

“是的。”保罗赶紧回答说，“不过，谁也说不准，还是买份保险比较好。”

“要是真的出问题了，一份保险有什么用呢？”吉姆又说。

“您说得对，那么，如果一份保险真能在关键时刻帮你解决问题，你会买吗？”保罗开始问吉姆。

“那我也不会买。跟你说实话吧，其实，我也很想买你的保险，可是没办法，我妻子的弟弟也在卖保险。我妻子正准备买他弟弟的保险，我只能这么做。”

分析：

情景中保罗的客户吉姆正是有自己的难言之隐，幸好聪明的保罗用先赞同后发问的方式，问出了吉姆拒绝的真实原因，否则，可想而知，即使保罗使出浑身解数，也是不可能说服吉姆的，因为他说的一切都和吉姆的真正意图毫不相干。

辨别客户异议的最好办法就是当你提供真正有益于他们的建议时，他们仍然不为所动，那么，客户就是没有告诉你真正的异议。

还有一些客户，因为一些自身的原因，不愿意说出自己真实的异议，总是找一些其他的理由推辞，对于这样的客户，你不妨先赞同他，然后再反问，以便找到客户内心的真实意图。那么，一般情况下，客户的真实意图有哪些呢？

1. 没有购买意愿

如果出现这样一种情况：客户有购买需求，却没有购买意愿。这就是销售员的劝说工作没有做到位，这类客户一般会以价格过高为托词，实际上，他对销售员口中介绍的产品没有任何兴趣，此时，销售员一定要转化推销策略，重点在激发客户的购买兴趣，而非一味地介绍产品，当客户产生这种购买欲望的时候，客户的异议也就消除了。

2. 产品无法满足客户的需要

产品不能充分满足客户的需求，或客户感觉产品并不好的时候，他们也会找各种借口推辞交易。这种情况说明销售员谈判前的准备工作没做好。这时候，我们可以直接让客户提出要求，然后再斟酌地加以满足。

3. 预算不足

客户的支付能力有限或是客户的预算不足。无论是什么买卖，只要超过了客户的承受能力，客户都会产生异议，尤其是价格上的异议。一般情况下，这类客户会嫌贵并且要求降价，此时，如果销售员不肯让步，交易永远也不能达成。对此，我们也没有必要死咬着价格不降价，这样反而浪费双方的时间。只要是在能力范围内，建议销售员退而求其次，尽量满足对方的要求，争取同对方长期合作。

当然，我们也不能排除另外一种情况的出现，那就是有些客户并不是预算不足，而是为了让销售员降价而死磨硬泡，拼命地耗时间，对此，销售员一定要速战速决，不能让自己陷入被动境地，关键时刻不妨欲擒故纵，让客户主动达成交易。

4. 其他异议

客户抱有其他隐藏异议，比如客户惦记着更便宜的产品，或是客户不想过早签约等，他们都会提出价格异议。我们经常能遇到那些总认为后面有更好、更便宜的产品的客户，无论我们怎么打动他，他仍然迟迟不下决定。

那么，当了解了客户的真实意图之后，销售员该怎么处理这些异议呢？

一旦遇到谈判僵持不下、无论怎样也谈不妥的情况，要立即处理。销售员可以遵循“先分析、再缓和、最后解决”的步骤来处理这一问题。

(1)分析背后的真实异议。

面对僵持不下的谈判，销售员首先应该先缓和紧张的气氛，之后通过观察和思考，或是主动询问客户的意见或要求，从客户的真实需求当中找到背后的原因，确定客户的真实异议是什么。

(2)化解真实异议。

理清客户真正的异议之后，销售人员要婉转地化解异议。如果是客户本身的问题，我们要针对客户的要求来化解，或是作出一定的让步。如果是销售员自身的问题，那么最好是换一个销售员再进行谈判，这样有助于挽回产品在客户心中的形象。

化解异议的时候，销售员一定要注意自己的状态，要对产品表现出足够的自信，这样才能感染客户，得到认同。

(3)完成交易。

世界上没有卖不出去的产品，只有卖不出去产品的销售员。所以，我们要不断学习，提高自己的专业知识和销售技巧，完美地化解异议，说服客户购买。

客户在面对销售人员的推销时，总会提出这样那样的质疑，客户提出异议是因为他们想知道这件产品为什么值得购买，而这正是他们微妙地传达对产品的兴趣。其实，当客户真正对产品产生兴趣，而又拿不定主意是买还是不买时，他们就会提出相应的异议，而这些异议正是他们将要购买的一种信号。如果对此处理得当的话，那么随后的成交就很有希望。因此，销售人员要有足够的耐心与勇气，要学会先肯定客户，缓解谈判气氛，然后再问出客户的真实意图，了解了客户的“难言之隐”后，异议的处理也就轻松得多。

消除客户的抵触心理，让客户“需要”产品

优秀的销售员一般都能很好地抓住客户的心理，都明白很多客户对销售员和产品存在一定的防御心理。的确，在推销产品的过程中，销售员难免会遭到客户的拒绝，“不用了”“没时间”“不需要”“没兴趣”是客户拒绝时惯用的语言。客户一系列的否定都是在向销售员传达一个信息——在对产品说“不需要”。

很多销售员，尤其是刚刚从事销售行业的新人，总是害怕被客户拒绝，面对客户的否定态度，他们会表现出沮丧或是泄气，然后一蹶不振，没有勇气再去面对销售工作。其实作为一名销售员，遭到客户的拒绝是再正常不过的事情了，推销大王乔·吉拉德曾经说过这样一段话：“客户拒绝并不可怕，可怕的是客户不对你和你的产品发表任何意见，只是把你一个人晾在一边。所以我一向欢迎潜在客户对我的频频刁难。只要他们开口说话，我就会想办法找到成交的机会。”没有拒绝，就不会有销售工作，对于优秀的销售员来说，几乎大部分销售成功都是从客户的拒绝中争取来的。因此，对于那些说“不”的客户，销售员不应该表现出气馁，而是要用智慧和职业素质去感

化客户，想办法将客户的“不需要”转化为“很需要”，只有从根本上转变客户的看法和态度，销售工作才可能取得成功。

销售情景：

菲菲是某大型美容会所贵宾卡推销员。一天，她在公司门口看到一个中年妇女和一个年轻女孩，因长相有几分相似，菲菲觉得应该是母女。女儿看上去大约有20岁，青春靓丽，十分漂亮，母亲看起来也很漂亮，气质华贵大方，年龄应该有40多岁。她们的皮肤都非常不错。根据多年的销售经验，菲菲认为这两位客户她应该争取一下，于是她迎了上去：

菲菲：“你们好，小姐、太太。我是××美容会所业务员，请允许我……”

客户（小姐）：“最不喜欢去你们那里做美容了，请你不要打扰我们了，你们的任何产品我们也都不需要。”

菲菲：“小姐的气质很好，皮肤也这么细腻白皙，看起来水灵灵的，应该日常的保养工作做得很好吧。”

客户（小姐）：“还行。”

菲菲：“您目前办的是哪家会所的贵宾卡呢？”

客户（小姐）：“当然是最好的。”

菲菲：“哦，是这样啊。不过太太您的皮肤也很棒啊，您也和女儿在同一个会所做美容吗？”

客户（太太）：“对，一直在同一个地方。”

菲菲：“小姐您接触过我们的服务吗？”

客户（小姐）：“接触？当然接触过，上次和一个姐妹来这里做美容，结果不知道用了什么，非常不舒服，脸上会发痒。”

菲菲：“是吗？您用的是哪款产品呢？”

客户（小姐）：“就是去年你们会所新进的××型养颜霜，简直把我害苦了。”

菲菲：“真是对不起，首先我向您表示歉意。但是有一点我要向您讲清楚，我们的那款养颜霜是针对30岁到40岁的女士研制的，像您这样年轻的女孩，使用起来难免会不合适。可能当时我们的美容师工作疏忽了，真是对不起。”

客户（小姐）：“是吗？原来那款养颜霜是30岁的女性用的？”（吃惊）

菲菲：“是的，小姐。如果女性使用的美容产品不适合自己的肌肤年龄，脸部就会感觉不舒服，如果不及时停止，就可能出现脸部发痒的症状。”

客户（小姐）：“哦，是吗，原来是这样啊。”（恍然大悟）

菲菲：“对，其实，我们会所的美容师还是相当专业的，只是上次那个应该是新手，真是对不起，对了，我们这里又新进了一批针对您的年龄段的产品，而且，我们的美容师因为刚从国外培训回来，技术大有长进，您可以办我们这里的贵宾卡，这样，您母亲的所有费用都是半折优惠。”

客户（小姐）：“是吗？真有这样的好事？那好吧。我们办一张。”

分析：

情景中的贵宾卡推销员菲菲遇到的客户，在刚开始是有抵触心理的，因为她在菲菲所在的美容会所做过美容，但却吃了苦头。但菲菲却非常耐心地问出了客户抵触的原因，并作出了令客户满意的答复，同时，她还将公司的优惠活动介绍给客户，这样，客户的抵触心理也就彻底消除了。的确，找到客户拒绝的原因，是将客户的“不需要”转化为“很需要”的第一步，只有第一步迈得好，那么销售工作才能进一步展开，如果销售员能配合使用正确的销售方法和策略，那么销售取得成功也将不再可望而不可即。

那么，客户说“不”的原因都有哪些？我们又该如何来解决呢？针对客户不同的情况，我们要采取具体应对措施。

1. 主观不喜欢

客户购买产品，很多时候是和自己的喜好有很大关系的，当然，一般情况下，这种客户都有一定的支付能力。当客户告诉销售员他不喜欢你的产品时，销售员不必做过多的解释，只需要将产品的优势尽量传达给客户，并努力让客户参与其中。只要慢慢引起客户的兴趣，销售成功的机会还是很大的。

2. 先入为主的偏见

和情景中的客户一样，由于同事的疏忽或者其他客户的口耳相传，导致了产品在客户心中已经有负面意见的存在，这时销售难度就明显加大，这种客户一般会直接告诉销售员自己“不需要”。面对这样的客户，销售员一定要克服客户这种先入为主的偏见，了解客户产生偏见的原因，并做到实事求是地解决客户存在的疑虑，并要做到和客户的有效沟通，将客户的注意力转移到产品的优点上，以此转变客户的观点。

3. 抵制心理

生活中有些人，他们的防范和自卫意识比较强，当销售员上门推销的时候，他们会很紧张、不安甚至害怕，更会本能的拒绝。其实，对陌生人的防御心理，每个人都有，只不过轻重不同罢了。面对抵制心理严重的客户，销售员要特别注意自己的态度和用词，使用舒缓、友好的语气与客户交流，营造出轻松、活跃的销售氛围，让客户体会到亲切感，并以实证来赢得客户的信任。当信任感与安全感在客户心里渐渐增加，其防范心理也就慢慢消失了。

4. 当客户的“不需要”是借口

在销售工作中，客户的任何一种拒绝都有其内在的原因。在有些时候，客户会因为心里有一些不愿被外人触及的秘密而对销售员说“不需要”。对此，销售员固然不能直截了当地深究，然而不找出客户说“不需要”的原因，销售工作就难以顺利进展。所以销售员要采用较为委婉的提问或者交谈方式来探究真实原因，想办法让客户自己说出拒绝购买的原因。在使用这种迂回战术时，销售员一定要审时度势，注意措辞得当，表达适度，以免打乱与客户的沟通进程。

强调产品卖点来跑赢对手

随着经济的发展和科技的进步，无论哪行哪业，市场都在进一步扩大，随之而来的也就是市场竞争越来越激烈。尤其是在销售市场，客户都会同时与几家销售公司保持联系，希望从中找到能为他们提供物美价廉产品的合作公司，许多时候我们稍不留神，竞争对手就会乘虚而入。一旦竞争对手同客户签约，我们之前所做的一切努力都将白费。在如此激烈的竞争中，我们要想留住客户，就必须学会用我们产品的卖点跑赢对手。

销售情景：

小樱是一家电子科技公司的销售员，她主要推销的是电话软件。这天，她去拜访一位科贸公司的经理，这家公司人脉广泛，小樱希望通过与这家公司的合作，打开自己在这一领域销售的局面，但在与这位经理交流的时候，经理却与她产生了不同的意见。

客户："实话说，我觉得你们公司的报价太高了。其他公司的相对便宜些。"

小樱："报价太高了？您这样认为的吗？"

客户："是的。"

小樱："不过，我想您应该不会反对我与您进一步展开合作吧？"

客户："那倒不至于，可是我为什么要买贵的呢？"

小樱："如果我们有机会再次合作，难道您不觉得我们可以帮助您建立更广泛的客户群吗？"

客户："嗯，很有可能。"

小樱："您想我们平时买质量优质的手机，都是为了拥有更好的通话质量，对吗？如果我们的产品通过与您的合作被更多人所使用，那么那些受益者第一个想到的就是贵公司的名字对吗?"

客户:"嗯,那倒是这么回事。"

小樱:"所以,我们可以进一步想,花稍微多一点点钱,就能获得更好的收益,这很划算不是吗?而相反,买了便宜的,但质量得不到保证,这不是因小失大吗?"

客户:"这倒是实话。"

小樱:"那么,您不反对我们通过和你的合作可以帮助更多人建立起一套更实用的电话系统,是吗?"

客户:"是。"

分析:

作为销售工作成败的决定者,只有在谈判中突出自己产品的卖点和优势,才能获得掌控销售进程的权力,进而决定销售工作的前进方向。那么,销售工作也就不再困难了。

一个完整的产品包括很多方面:价值和附加值、性能与卖点等,因此,当客户已经了解产品的相对稳定和普遍的价值与性能时,要着眼于产品不同于其他产品的优点与性能介绍,这样,我们的产品优势也就显现出来了。也就是,销售员一定要让客户了解到产品的卖点。在介绍产品时,要把产品的特征转化为产品的益处,如果不能针对客户的具体需求说出产品的相关利益,客户就不会对产品产生深刻的印象,更不会被说服购买。如果针对客户的需求强化产品的益处,客户就会对这种特征产生深刻的印象,从而被说服购买。

1. 掌握有效说明产品卖点的方式

一般来讲,无论销售人员以何种方式向客户介绍或展示购买产品的好处,通常会围绕以下几个方面展开。

(1)省钱。

(2)完善的售后服务。

(3)节能环保。

(4)提升成就感。

针对这些方面,销售人员要根据不同的客户采用下面不同的说明方法。

(1)“这款产品采用的是最先进的节能设备。”

(2)“使用这种机器后,工厂的生产效率最起码提高30%。”

(3)“戴上这款手表后,您的气质又提升了不少。”

当然,销售人员应该注意的是,说明产品的卖点时,必须针对客户的实际需求展开。如果提出的产品卖点并不符合客户的需要,那么即使这种产品的性价比再高,也不会引起客户的购买兴趣。

2. 突出产品的优势与卖点

当客户说出愿意购买的产品条件时,销售人员要将自己的产品特征和客户的理想产品进行对比,明确哪些产品特征是符合客户期望的,客户的哪些要求难以实现。在进行一番客观的对比后,销售人员就能有针对性地对客户进行推销了。

(1)突出产品的卖点与优势。销售人员要强化产品的卖点与优势,对客户发动攻势。如:“您提出的产品质量和售后服务要求,我公司都可以满足您,一方面,我公司的产品的特点在于……另一方面,我公司为客户提供了各种各样的服务项目,如……”在强化产品优势时,销售人员必须保证自己的产品介绍是实事求是的,并且要表现出沉稳、自信和真诚的态度。

(2)弱化那些无法实现的需求。销售员要客观地表达产品存在的不足,因为客户也明白,任何产品都有其无法实现的要求。对此,销售员要真诚地表现出来,但要尽量弱化。比如,销售员可以这样做:

其一,提差价,淡化付出。这种方法适用于很多产品的推销。如:“只要多付1000元,您就可以享受到纯粹的海南风情。”

其二,削减客户购买的成本。这要求销售人员对自己的产品要有较深的理解,并且这种理解符合大多数人的生活习惯。例如:“您只要每周少抽一包烟,购买这个产品的钱就出来了。”“您只要每天花两毛钱,就可以让你的容颜停滞十年。”

为客户做计算题,让客户感觉物超所值

现在这个社会,各种各样的产品极大丰富,千奇百怪的应有尽有。无论谁拥有稀、奇、特、新的产品,一旦被潜在客户发现,都很容易被认同。正因为稀、奇、特、新,也就很容易让客户感到物超所值, 众所周知,一般意义上的产品,其生产商、供应商比比皆是,要想让客户认同、接受,购买你的产品,除了在产品质量、性能、功能等技术指标、质量参数必须符合满足客户的心理预期外,销售员在推销的时候,还需要下足工夫。也就是要从如何“降低”客户的投入感觉和如何“提升”客户的收益感觉两个方面入手。

销售情景:

销售人员:“于主任,我了解您最苦恼的是对账问题,是吗? 是因为经常要对账吧?”

客户:“实不相瞒,小兰,令我苦恼的就是要经常对账。你知道,我们公司做的就是超市和生产厂家之间的生意,正是因为挣得是作为中间商的钱,所以,我们首先要和超市、卖场的财务部门对账,还要和各个厂家的业务代表对账,似乎这都成了我们的日常工作了,实在是要浪费很多时间啊。”

销售人员:“我太明白你的心情了。以前我也为这事苦恼过。我以前曾经为一家大型的超市供应牛奶,这个城市,也就五家店,可是我每天,除了送货就是对账,基本上要花好几个小时呢,要做各种不同的报表和账单,然后还要核实。看您每天花的时间,比我肯定多多了。”

客户:“哎,起码一天有3个小时的时间是用在对账上面。”

销售人员:“于主任,我们来算一笔账,我们这款财务软件的授权使用时

间是5年,也就是1800多天,而它的单机版价格也就是1800多元,差不多一天才花一元钱,这种计算方式,我想您应该理解吧?"

客户:"按照这个算法,可以理解。"

销售人员:"而您每天花三个小时对账,也就是说,你要是用了这款软件的话,每小时只需要三毛钱就能解决了,而对账的过程,恐怕也少不了一些与厂家业务员的争论吧,用了这款软件之后就省心多了。您觉得我说得对吗?"

客户:"那倒也是!"

销售人员:"于主任,其实您从今天就可以……"

分析:

销售情景中,销售员小兰的做法是,先和客户套好关系,表示对客户的理解,从而拉近了和客户的距离,然后她帮客户算了一笔账:将1800多元的财务软件分解再分解为每个小时三毛钱。客户权衡了利益得失后,自然觉得划算。毕竟,当我们遇到这种情况的时候,也就是为了成堆的财务账单而头皮发麻时,谁都愿意花上几毛钱来清除自己的烦恼。可能当客户听到1800元的时候,会觉得有点贵,但是当小兰为客户分解了成本后,客户的投入感觉已经大大降低了,而感觉的定义就是一种心理的微妙变化,并不代表客户最后该支付的款项有实质性的减少。

让客户感觉物超所值包括以下两个大方面:

第一,"降低"客户的投入感觉。

这里的"降低"并不是真的降价或者一些实际性的让步,而是感觉上的一种变化,销售员通过一些手法,会让客户感觉自己投入减少了,销售方作出了让步,实则不是如此。

1. 帮客户做"除法"

这里的"除法"指的是将客户在产品上的投入分成很多份的技巧,具体到每一个员工、每一个部门、每一段时间上。比如,某公司采购负责人要购买一些公司年会上用的精致糕点,大概要一万元,看起来费用不小,但是如果将它分解到每个员工身上,如果那家公司有一百个员工,每个员工身上的投入也才100元,而这100元只不过是一个员工每个月的加班费的一小部分而已。

2. 帮客户做"减法"

现代销售已经很注重产品的附加值,而不仅仅是产品本身的使用价值。销售员在推销产品的时候,不妨多从这些方面做做文章。比如可以免费升级、免费安装、加送礼品、延长保修、终身维护,等等。而这些所有的附加价值,都可以用数字来加以形容,销售员可以想办法为客户计算,让客户明白,减去这些费用后,客户的投入并不高。

比如,电视购物行业有个很流行的手机营销方式,如"原价1800元的手机,现价仅仅是999元,额外赠送价值200元的无线蓝牙耳机,再加送价值100元的存储卡,再加送价值100元的原装锂电池,相当于仅仅需要付出499元,你就可以轻松地拥有这部高科技的手机……"购买手机的客户一听,自然会认为自己的投入不多,也就很乐意购买。

第二,"提升"客户的收益感觉。

与以上做法相对的是,销售员要"提升"客户的收益感觉,就是帮助客户做"乘法"和"加法"。

1. 帮客户做"乘法"

如果客户存在需要解决的问题,那么,不妨将这一问题放大数倍甚至更为严重,比如客户所在部门存在因为不购买这种产品导致的威胁,那么,不妨将这种威胁放大到所有部门,乃至对公司生存和发展也构成威胁,那么,客户就会认识到问题的严重性,同样,只需要小小的投入,就可以解决如此大的问题,客户自然也会认为是物超所值。

可以这样理解做"乘法",我们要找出客户在不购买产品的情况下,会遇到某些问题和麻烦,并将这种问题和麻烦成倍的放大,这样客户就会感觉到问题的严重性,自然也就会努力寻找解决之道,于是你的建议就很容易被他接受。

2. 帮助客户做“加法”

很简单，销售员将那些可以给客户带来的直观利益累加在一起，这样，客户明显会有“划算”的感觉。

客户“嫌贵”时，如何化解

可能是出于对销售员的防御心理，无论销售员报出什么样的价，客户总是会认为“太贵了”“不合算”“别人比你卖得便宜”，客户嫌产品贵，这是几乎所有销售员都会遇到的问题。但是有时价格已经很合理了，客户仍旧“嫌贵”，这也是困扰不少销售员的问题，遇到这种异议时，销售员切忌回答“买不买随你便”“你不识货”或“一分钱，一分货”等之类的话。因为客户永远是上帝，无论客户购不购买，都不能用这样的说辞，这种话就像一把利剑，很容易伤害客户的自尊心，甚至激怒客户，引起矛盾，从而对销售造成不利影响。那么，我们怎样应对客户的价格异议呢？

销售情景：

一位电信公司的推销员在刚落成的一片小区内推销网络服务，许多刚刚入住的居民前来询问。

客户：“多少钱能通网啊？”

销售员：“安装费是每户300元，网络年费是980元。”

客户：“也太贵了吧！”

销售员：“听起来确实有点贵，不过您仔细想想，这价钱根本不贵，加上安装费，每天就3元钱，无限制上网时间，非常划算。如果你觉得年费不合适，你可以看看季度费，每季度400元，还有月费，每月才150元。”

客户："嗯，这还差不多。"

分析：

很明显，这位销售员第一次报价的方式非常不妥当，但由于他后来转换了报价的方式，顺利地解决了客户的价格异议，他不仅将昂贵的网络费用拆分成小单位，消除客户对高价的排斥感，而且还适时地提出了另外两种收费方式。客户只要稍稍计算，便让客户看到了实实在在的"便宜"，实际上，价格还是同样的价格，只是帮客户分解了一下单位时间的成本，让客户感觉似乎降低了价格。

那么，在面对客户嫌贵的情况下，我们应该怎么办呢？具体有以下几种说辞。

1.婉转否定法

面对客户"嫌贵"，销售员切不可直接回绝客户，否定客户的意见或者指责，这样无异于把客户推到了门外。其实，无论是任何异议，我们都不能否定客户，我们应该先认同对方的感受，获得客户的好感，让对方感觉你和他是一个阵营的，然后再告诉客户产品贵的原因，毕竟客户也知道"一分价钱一分货"的道理，他购买的是价值，而不是价格。比如，销售员可以说："的确，可能我们的产品贵了点，但是……"这样客户在心理上也有个过渡期，比较容易接受。面对客户说出"你们的电器也太贵了吧！"我们看看下面两种回答方式：

回复一：

销售员："的确有点贵，很多前来选购的客户都这样认为，连我自己也承认这一点，但是那些客户在使用前和使用后却是不一样的反应：当他们使用以后，就不这样说了。他们发现，这种电器质量非常好，每年不必花多少维修费，更重要的是，它的噪声很小，不会影响员工的情绪，更不会打扰到周遭的居民。我相信您一定会用得非常满意。"

回复二：

销售员："许多人都这样认为，但是，之所以那么贵是因为它的材质、质量、使用年限以及售后服务都非常优越。先生真有眼光，您可以先试试，绝对不会让您失望。"

上面这两个答复，我们可以明显看出，答复一比答复二好得多，第一种答复中，销售员首先肯定了客户的异议，这样就能安抚客户的情绪，客户才会继续听我们继续听下去，在此基础上，销售员再把产品的优势顺势推出，就能让客户在一种很舒服的状态下，接受我们的意见。

2. 分解价格法

情景中的销售员就是运用的这种方法，它是按产品使用时间的长短和计量单位的不同来报价，把庞大的价格化整为零，隐藏价格昂贵的威慑力。这种方法使价格分散成较小的单位，实际上并没有改变客户的实际总支出，但却比总报价更加容易被人接受。

3. 比较法

产品与产品之间打的不仅是价格战，还有质量、性能等其他方面的较量。当客户告知你的产品比其他家贵时，我们可以用比较法突出产品的优势。就是将同类产品进行优势对比，突出自己产品在品质、性能、声誉、设计、服务等方面的优势，让客户知道"贵有贵的理由"。其实，这也是在用转移法化解客户的价格异议。人们常说"不怕不识货，就怕货比货"，在比对当中，客户一目了然，自然会选择物有所值的产品。

在某家居广场里，某客户想购买一套全进口家具，看来看去，看上一套很贵的家具。于是，销售员小王走上去，为客户解答。但客户询问价格后，不太满意。

客户："你们家的比隔壁的贵多了。"

销售员："您说得对，不一样的东西当然就不一样的价位了。先生，你过来看看，这种材质绝对是上乘的。还有烤瓷技术，这做工，相当考究，不仅美观，最重要的是结实，耐用。再看看这种风格的设计，简约大方，加上上乘的品质，放在您家，一定非常高档，非常适合。”

客户：“隔壁家的好像也差不多。”

销售员：“虽然风格有点相似，但是，这两套绝对是不同的，我们这家是国外××公司唯一授权代理的，就像五星级饭店和三星级饭店一样，因为他们的服务和舒适程度不同，所以价格也不同。我们的家具，品质绝对是一流的。”

我们可以明显看出，这名销售员是有相当的销售技巧的，但实际销售中，当客户告诉销售员“你们的东西就是比别人的贵”时，恐怕有很多销售员都会很不客气地回敬一句：“一分价钱一分货，你要是不满意，那你就去他那儿买吧。”这绝对是销售的大忌，无异于赶走了客户。我们应该像例子中的销售员那样，灵活地突出自己产品的优势。要注意的是，在比较的时候千万不能贬低竞争对手，小肚鸡肠的销售方式会给客户留下不良印象。

如果你销售的产品是同行业中品质最好的，那么你完全可以和对方说：“是的，我们的产品是比较贵，奔驰不可能卖桑塔纳的价，您说是吗？”

对于那些购买后存在附加成本的产品，我们也可以通过分析自己产品附加价值的优势，让客户接受较高的报价。比如在汽车行业，我们就可以在维修、售后服务以及是否省油等方面入手，让客户看到产品的长远价值，接受高价。

价值要加起来说，价格要分开来说。这样才能消除客户对高价的排斥感。同时在与客户沟通时，一定要胸有成竹，只有销售员自身对产品充满自信，客户才可能对你的产品放心。

刨根问底，让客户下定决心购买

销售讲究的是口才，而口才并不是人们常常认为的口若悬河、滔滔不绝，而要讲究技巧。其实，在销售的过程中，免不了要提问，作为一名销售员，首先要敢于提问，如果一味地介绍和推销，只会打消客户的积极性和兴趣，甚至导致客户丧失原本有的购买欲望。其次，销售员要善于提问，提问的方法有多种，销售员需要根据客户具体的销售情景，采取不同的提问方式，如果不着边际的提问，很容易让客户摸不着头脑，甚至对销售员产生反感。总之，要消除客户的异议，就需要销售员掌握正确的提问方式，抓住客户的真正的需求，有的放矢地提问，才能消除客户的异议，将客户的需求转化为真正的购买行动，从而成功销售。

而在现实销售当中，客户迟迟不愿成交的原因，并不是内心需求没有被满足，而是没有下定决心购买。所以，作为销售员不仅要尽量满足客户需求，还要在提问的时候，尽量不给客户反悔的余地，尽可能地刨根问底，提高客户对需求的紧迫感。

销售情景：

陈云是一家电脑公司的销售员，他的销售业绩一直不怎么好，自己也不知道是什么原因。

一天，他拜访了一位客户，经过了解，陈云发现，这位客户对与电脑系统的安全性非常重视，针对客户的这点需求，于是，陈云作出了以下提问：

陈云："那么请您来看一看我们公司的产品吧，使用我们的产品，将为您确保电脑系统的安全性。您有兴趣了解一下吗？"

客户："是吗？哦……"

陈云："我们的产品正好可以满足您的要求啊……如果您不试一试，真是太可惜了。"

客户："嗯，也是，你们的产品听起来还不错，不过……"

陈云："我们的产品还有什么您不满意的地方吗？"

客户："没有，只不过我还想再考虑一下……"

陈云败兴而归。在回去总结了工作以后，陈云又开始向另外一家公司推销电脑，并遇到了同样的情况，但这次陈云改变了提问的方式。试看下面的销售情景：

陈云："如果您的电脑系统忽然停止工作，并且一天都无法修复，会出现什么情况呢？"

客户："那么我的工作可能无法正常进行，很多重要资料和会议记录也可能无法提取，而且这将会影响到我的客户，那将是非常糟糕的事情。"

陈云："那么系统崩溃是如何影响您的客户的呢？"

客户："如果我的策划方案无法按时交给客户，我可能会失去客户。"

陈云："如果您的文件因为系统崩溃而全部丢失您会怎么办？"

客户："那是我最不想看到的，我可不希望发生这样的事。"

陈云："那么您来试一试我们的电脑系统吧，它将会给您带来安心的体验，将为您避免许多不必要的麻烦……"

客户："是吗？那么你们的产品……"

分析：

在陈云第一次的销售中，虽然他也做到了提问，但是却没有起到预期的效果，这是因为他提问方法不对，没有对客户刨根问底，客户就没有紧迫感，这就很难让客户作出最终的成交决定。因为一般情况下，很多时候客户的确有购买的需求，但因为不急着使用或者觉得还可以观望，自然就不会马上购买，这就给销售员的销售工作增加了很大难度，因为客户随时会改变购买主意。所以，在第二次的销售中，陈云的做法就明显比第一次好得多。当销售员提问后，客户的思维就会跟着销售员走，随着销售员提问的加深，客户感受到的紧迫性就会越来越强,就会快速作出成交决定,以获得内心的安全感。只要销售员对客户需求进行实质性的提问,提高客户需求的紧迫感,就能将客户需求转化成购物欲望,使其作出成交决定。

在向客户提问时,销售员一定要有的放矢,切中实质地提出问题,但一定要有一个过程,也就是要刨根问底,让客户感到不购买产品可能会遇到的困难,不断提升客户对产品需求的紧迫性,进而更快地实现成交。那么,在实际销售中,这要求销售员如何提问呢?

1. 唤醒客户的内心需求,深化存在的困难

这种提问的方式,就是要提醒客户,因为没有购买产品,他存在什么样的不便和影响,同时,正面对比,客户在购买产品后,会有什么样的改变,通过前后对比,客户自然能见分晓。

例如在销售员向客户推销落地窗帘时,销售员就可以使用深化困难的提问方式,逐步增加客户需求的紧迫感,提问可以包括以下一些内容:

您在夏日午休的时候,因为阳光高强度的照射,会感觉不舒服吗?

您不觉得您现在的窗帘和整个客厅的气氛不搭配吗?

您这么高雅的装修难道不应该配上更有质地的落地窗帘吗?

销售员这样不断深化客户所能遇到的困难,向客户展示缺少产品给客户带来的严重性,就能逐渐提高客户对产品需求的紧迫感,从而更快地做出成交决定。

2. 持续提醒客户困难的存在

想要让客户的需求转化为购买产品的强烈欲望,销售员还要注意向客户提问的频率,尽量保持提问的连续性。因为客户只有在连续被提问的过程中,对需求的紧迫感才会持续增强,一旦销售员将提问中断,就会失去应有的效果。

3. 选择正确的提问方式

(1)循循善诱式提问。

这种提问方式是要求销售员一步步地诱导客户跟着他的思路走,让客户没有回想的时间。就好比:“在陈述一个事实前,先做好一个框架,然后让客户自动跳进去。”这样用一个预先做好的框式,就可以引导客户做出销售员想要的回答。

客户:“有没有一层的房间?”

销售员:“如果我能找到一层的房间,你是不是肯定能买?”

客户:“你能不能提供10年而不是5年的分期付款?”

销售员:“如果我能提供10年的分期付款,你是不是肯定能买?”

客户:“如果我们今天就决定,你能下个星期一送货吗?”

销售员:“如果我保证下个星期一送货,我们今天是不是就可以签合同了?”

(2)二选一式提问。

选择式提问是销售员常用的一种提问方式,它可以限定客户的注意力,要求客户在限定范围内作出选择,通过这种提问方式,销售员就能掌握整个谈话的主动权。

销售员:“看来这个阳台最理想的尺寸是26~30厘米,对吗?”

客户:“对。”

销售员:“您想要一个矮墙,还是一个全装玻璃的阳台?”

客户:“我想要矮墙的,因为可以暖和一点。”

销售员:“您想要是双扇窗还是单扇窗,是3个通风孔还是2个呢?”

客户:“我想要是双扇窗,而且是3个通风孔。”

销售员把要介绍的产品分成几类,让客户从中选出一个或几个,这样清楚明白,也能让销售员容易找到解决的方法,销售起来更加便捷。

如何消除价格异议

价格异议是销售活动中最常见的异议，一个优秀的销售员除了会将产品完整、全面地介绍给客户外，还要学会讨价还价，处理各种价格异议，而这就需要销售员掌握一些技巧。

销售情景：

下面是一个精明人自述自己讨价还价的故事：

那次，公司集体组织员工去云南旅游，我们一起逛街，后来由于爱好不同，就分开逛。我走着走着，看上了一个立式的台灯，很好看，我当时就想买下来，这台灯放在客厅的茶几上刚刚好。

"多少钱?"我问。

"500 元。"

"100 元!"我说。

"天哪!"小贩用手拍着前额，做出一副要晕倒的样子，然后看着我，"200 元。"

"100 元。"我没有表情。

"天哪!"他在原地打了一个转，又转向旁边的摊子，对着那摊子举起手里的台灯喊："他出 100 元！天哪!"又对着我说："最低了，我卖你 150 元，结个缘，明天你带朋友来，好不好?"

我笑着耸耸肩，转身走了，因为我口袋里只有 150 元，如果我出到 150 元，我回去坐车的钱都没有了，我才走出去四五步，他在后面大声喊："120 元，120 元啦!"

我继续走，走到别的摊子上看东西，他还在招手："你来！你来！我们是朋友，对不对？我算你110元，半卖半送！”

我继续走，走出了摊贩聚集的地方。

突然一个小孩跑来，拉着我，我好奇地跟他走，原来是那摊贩派来的，把我拉回那家店。“好啦！我要休息了，就100元啦！”

现在，每次我看到茶几子上摆的这个台灯，就想起那个小贩。我常想，我为什么能那么便宜地买到？因为我坚持了自己的底线。

我也想，他为什么会卖？想到这里，我又不是那么得意了，因为100元人民币，一定也在他的底线之上，搞不好80元他也卖。

分析：

情景中的销售员的错误之处，就是让客户摸出了价格的底线，其实，客户和销售员在进行还价的时候，打的就是一场心理战，销售员要想以理想的价格拿下客户，就必须掌握好客户的心理，然后，抓住一些技巧，敲定生意。那么，销售员在与客户讨价还价的时候，要坚持什么原则呢？

1. 整体规划，运筹帷幄

销售谈判决不能打无准备之仗。正如人们常说的“凡事预则立，不预则废”。因此，销售人员一定要做好还价前的充分准备。

销售员可以采取一些具体步骤以保证自己在还价过程中总体意图的贯彻。例如，可先列出各种表，这里包括：

一张提问表：把客户可能提问的问题都列出来，然后再列出最佳的回答方案。

两张让步底线表：按照合同或者公司的规定，销售员需要列出在客户提出还价后，可以坚持的不同底线，在这个底线范围内，是销售员要努力的目标。一张按合同条款形式写出销售方原则上不能作出让步的问题和交易条件，一张则包含销售方可以考虑让步或给以优惠的那些具体项目，最好附上数字，形成一个阶梯式的让步和范围。

一张谈判方案表：在每场谈判中，变数都是存在的，仅仅列几个客户提出的问题是不够的,还需要准备几个不同谈判方案下的应对策略。

2. 机动性原则

销售员要学会在谈判的过程中探测对方,然后根据客户具体的购买情况再调整自己的谈判策略,总之,要学会机动地处理问题,比如,刚开始,销售员可以这样澄清自己的立场:"人尽皆知,我们的化妆品是国际品牌,一直畅销国际市场,因此,我认为这款新产品的价格最起码是239元,当然,如果订货多,交货时间还是可以快些。"总之,销售员不能死守自己的报价:"您这是最高价格吧,咱们痛快一点儿,不行就拉倒。"这样必定会引起对方的反感,甚至是愤怒,导致对方的反唇相讥和谈判的告吹。

销售员可以在除价格外给客户以方便,比如,交货方式、付费方式甚至是售后服务上,也可以在价格上作让步,但对客户订货量上有要求,这些谈判方式都是在多样化中寻求统一,创造出对自己有利的条件。仍以化妆品交易为例,销售员如果希望买方以现金支付,而客户则希望以其他方式支付。销售员就可以谈判:"您看这样行不,你们再加50万的订货量,我和经理商量一下。"销售员这样回答,客户无论作出什么决策,都是对销售一方有利的。

3. 适量性让步

适量性是指让步不要一下子让得过快、过多,因为人们总是比较爱惜难以得到的东西,总是比较爱惜付出了艰苦努力所取得的成果。谈判中,如果让步一下子让得太快、太多,就会使人觉得我们立场不坚定,这样反而增强了对方的自信心,使对方掌握谈判的主动权。但是,让步又必须有足够的速度和数量,使对方得到一些好处,看到最终成交的前景,为在其他重要的交易条件上,订立对我们有利的合同条款奠定基础。

被客户拒绝了该如何扭转局势

"门把销售法"又称作反败为胜法,也就是当客户完全放松的时候,最后问他不买产品的真正原因，而往往此时他会告诉你真正的抗拒点。

对销售员来说，在销售过程中遭遇客户拒绝，无论怎样都无法说服客户的情况再平常不过了。然而在实际的销售工作中，因为遭遇客户拒绝而表现沮丧、消极甚至态度恶劣的销售员却不在少数。遭到拒绝，就不再和此客户联系，或是认为不再需要对他尊敬，大骂一顿来解气，这实在是一种幼稚的解决办法。真正聪明的销售者，就算遭到拒绝，也会保持一份处变不惊的坦然心态，以优雅的姿态、真诚的心意，给客户留下一个好印象，而此时，他们会借此机会，问明客户拒绝的真正原因，这样做很有可能带来意想不到的收获，也就是销售员能让客户回心转意从而反败为胜。

销售情景：

一个销售员想和一家工厂的总经理见面，推销一些设备，经过几次预约，终于约到了总经理，但实际上，这名总经理根本不知道他是来向自己推销的，当他走进办公室，把名片递给经理后，经理很生气，对秘书吼道："我说过多少遍，一切来搞推销的，我都不见。"面对如此坚决的客户，销售员只能离开，可就在此时，厂房传来失火的声音，销售员心想："我才不管！"但转念一想，还是去帮忙吧。于是，销售员跑到厂房，原来是因为机器老化而漏电导致的，由于对自己所推销的这类产品都相当熟悉，不到一会儿工夫，销售员就将机器修好了，而这些，正好被赶到的总经理看见了，在他的劝说下，总经理买下了所有厂房需要的设备。

分析：

可以说，情景中的销售员的成功是典型的"置之死地而后生"，因为没有谁会拒绝一个即使被拒绝依然帮助自己的人。其实，销售员在为客户修理机器的时候，正是让客户明白了一个道理：工厂的机器的确需要换了。当客户已经没有心理防备，并对销售员有好感的时候，销售员进行推销自然容易得多。

客户似乎总是会对所要购买的产品存在着或多或少的异议，无论是价格还是质量，客户们都惯用怀疑的心理来看待。“产品质量真的那么好吗?”“价钱为什么贵?”等诸如此类的疑问，常常成为客户购买商品时的心理定势。而一些销售员往往利用常规思维，去解决客户的异议，其实，这往往会造成客户在心理上的优势，聪明的做法不如这样，先让客户拒绝，然后等客户在心理上慢慢恢复平静，销售员这时问明客户拒绝的真实原因，客户已经没有理由再去隐瞒，此时，再针对客户的真实意图开展销售工作就容易得多。

美国一位著名的推销员指出：“推销的98%是对人的理解，2%是对产品知识的掌握。”销售工作的目的是推销产品，而过程则在于销售员对客户心理的把握和对客户的了解程度。有些时候，销售员做再详尽的产品介绍，也抵不过解答一句客户的疑问。销售员尽量多了解客户的心理需求和心理疑问，才能更加了解推销对象，也才能更为有效地推销产品，只要能恰到好处地解答客户担心的问题，销售工作的成功也就不难实现。

通常情况下，客户拒绝了销售者，当销售者运用“门把销售法”问出客户拒绝的真实原因后，销售即可能获得成功。一般客户产生异议的原因主要有以下几种：

1. 客户质疑产品质量

对于不够了解的产品，客户总是首先会对产品质量产生质疑，“产品质量过不过关”“有没有销售员说得那样好”是大多数客户面对新产品时的心理反应。面对客户的异议，销售员一定要做到耐心，同时也要实事求是，因为很少有产品能做到尽善尽美。销售员对产品要进行真实的介绍和分析，不要为了急于成交而夸大产品优点。

2. 价格问题

价格问题是客户购买产品时不得不提到的一个问题，“产品不值这个价格”“价格太贵”“价格怎么会比其他的同类产品便宜”是客户购买产品时一般会涉及的问题，对此，销售员一定要针对客户提出的具体异议作耐心的解答，以消除异议。

3. 生产方的信誉问题

也许因为道听途说或是个人癖好，客户可能会排斥你所推销的产品，对你的公司表现出不信任。这时销售员的一举一动都将对客户产生印象。俗话说“眼见为实”，如果客户一直对你所推销的产品充满偏见，但却没有真正接触过，那么作为销售员就要用事实改变客户对产品的看法，尽力维护自己公司的荣誉，热爱自己的公司，并表现出十足的信心，那么客户就可能多多少少改变固有观点。

4. 售后保障问题

也许因为曾经购买的产品售后服务不好，客户可能也会对所要购买产品的售后服务提出质疑，对此，销售员要尽量做全面的解释，对于那些客户提出的合理要求也要尽量满足。但是对于那些无法做到的服务项目，销售员还是要委婉地拒绝，不要一味地向客户许诺，以免失信而加剧客户心中对产品的不良印象。

5. 对销售员不满意

客户对产品产生异议，有时原因也来自于销售员本身。可能客户不喜欢销售员的形象，或者销售员的信誉不好，又或者是销售员缺乏经验、无法把握客户心理需求。因此，作为销售员在熟悉业务的同时也要遵守销售规范，保证自己以良好的态度、自信健康的形象面对客户，并与客户形成良好的沟通氛围，尽量从方方面面满足客户的购物需求。

6. 第三方插足

客户对产品的决定时而产生变化，本来已经决定的事情可能转眼就告诉你“取消交易”。这种情况很多时候是因为客户听信了他人的劝告，不管是亲友还是你的竞争对手都有可能。这时，你需要做的不是去查找那些人具体是谁，而是要尽量做好一个销售员的本职工作，忠诚对公司，真诚对客户，用产品优势和双赢策略去尽量挽留客户。

7. 客户存在消极心理

在购买产品时，客户可能会存在一些消极心理，有些是在购买过程中形成的,有些是由于其个人原因产生的。然而无论如何,客户拥有消极心理都会对销售成功形成一定的阻碍,所以销售员要及时洞察客户的消极心理。客户购买产品时的消极心理主要有以下几个方面:

(1)客户的购买经验及习惯被销售员推销方式所打破,或在一定程度受到影响,心理产生异议。

(2)曾经听过对产品不好的消息,从而对产品产生对抗心理从而表现出异议。

(3)客户受随同人员如家属、朋友等影响,对产品产生质疑,从而提出各种异议。

(4)客户情绪不佳、心情不好时,对产品的异议也随之增加。

(5)面对陌生的产品名称,客户会对此产生质疑从而提出异议。

第六章

价格磋商：掌控讨价还价的主动权

销售的实质性销售阶段就是价格。许多销售员由于不会谈价，要不丢掉了订单，要不就是虽然成交但已经没有了利润，只好自己安慰自己，权当交了朋友。许多销售员底薪很低，全靠提成来提高收入，如果掌握不好谈价的技巧，虽然销售业绩不错，收入却很低，最终只好离开销售员的岗位。所以，有效应对讨价还价是销售员最需要掌握的武器。

让客户明白一分价钱一分货的道理

现代社会竞争越来越激烈，销售行业尤其如此，许多企业或商家为了能在同行业中保持原有水平，于是竞相促销降价。虽然利润越来越薄，却不会堆积产品，保证了资金的周转。但是，还有一些企业的销售员把销售重点放在了价值上，在产品价值上做宣传，让客户明白了一分价钱一分货，从而很好地回避了价格这一难题，于是，这些商家总能在竞争中立于不败之地。

俗话说："一分价钱一分货。"这是一个毋庸置疑的真理。因为，稍微一般的产品，在成本、做工等其他方面的投入也会少一些。这一点，每一个销售员自己都能明白。但是，并不是每个客户都能明白，因为每个人都会关心自己的利益，任何一个客户都希望买到价格既便宜质量又相对好的商品，物美价廉，是客户对商品最理想的追求。在购买商品时，客户也总是希望销售员介绍那些质量好价钱不高的商品，甚至抓住质量好的产品与销售员讨价还价。对此，不少销售员都会感到懊恼。

面对这种情况，销售员要保证价格不被客户刷低，也在情理之中。然而如果销售员只是一味回绝客户的报价，虽然保住了商品价格底线，但却很有可能会损失客户。如何才能在保住商品价格的同时，又促成交易呢？这就需要销售员掌握一定的销售技巧，要让客户明白"一分价钱一分货"的道理。

销售情景：

一位二十几岁的小姐来到一个手机大卖场，应该是要来买手机，可是转遍了商场的很多柜台，也没看到合适的，正打算离开时，她在一家知名品牌手机专柜那里停了下来，对着几款手机看了起来。

销售员："您好，我们这里是国内很知名的品牌，你的眼光真好，这几款手机都是今年的新款，都是针对您这样时尚靓丽的女性设计的。依我看，这款玫红色的手机就很适合您。”

客户：“是不错，我也看上这款手机了。哎呀，不过这也太贵了，要那么多钱。”

销售员：“您的眼力真不错。如果是我也会觉得有点儿贵，但是这款手机之所以价格相对较高，是因为它不仅有非常多样的功能，而且颜色鲜艳，时尚，款式设计新颖，不俗套，看起来非常高贵、典雅，是一种品位和个性的表现，如果相对于这些来说，这个价格绝对是划算的。”

客户：“可是比别的手机要多出1000多元啊，差得也太多了。”

销售员：“可能是我没有解释清楚，这款手机不仅外观吸引人，而且在功能方面也是相当先进的。您看一下这个产品介绍，无论是日常功能还是娱乐功能，都非常好。您再来看这个摄像头，外面还做了保护，绝对不会受到一丝一毫的划伤。”

客户：“是很不错，挺喜欢的，不过就是价格太贵了。”

销售员：“这款手机价格的确是比其他型号高一些，但是对于这款刚刚上市的新款手机来说，还是相对较低的。对您这样的女孩来说，应该更注重新潮和时尚吧，而且这款手机的款式和颜色对您来说很合适，可以说与您的大方气质相得益彰。您用再合适不过了。”

客户：“唉，看了其他的都觉得没有这个喜欢，真的不能便宜了吗？”

销售员：“是的，小姐。如果您真的喜欢，就拿上吧。这种概念型的手机都是限量版的呢，国内就几十款，如果您以后想买的时候很可能厂家就不生产了呢。那样的话您一定会觉得遗憾。”

客户：“是吗？那我就买这款了。”

分析：

情景中的销售员的聪明之处就在于能着眼产品的性价比，抓住了问题的根本，快速地解决了客户的异议。客户购买的是产品的价值而不是价格，只要让客户看到产品的价值，就能解决客户心中的问题。而相反，解决不了关键问题，那么销售工作就很难顺利进行。对于那些嫌贵的顾客，销售员如果不能让其明白“一分价钱一分货”的道理，那么想要获得销售成功几乎是很难的。缺乏耐心，不积极引导客户，就可能会导致销售失败。因此，想要卖出价格高质量好的产品，销售员就要想办法让客户明白“一分价钱一分货”的道理，让客户认识到产品的价格与质量相比并不贵。

在与客户探讨价格时，销售员一定要让其明白“一分价钱一分货”的道理。虽然很多销售员都试图通过解释让客户明白这个道理，但是有些时候却适得其反，不仅没有向客户解释清楚，反而降低了客户的购买热情。这是因为销售员在说服客户时不注意方法，只是一味地强调产品的质量，不能客观地向客户说明商品质量与价格的关系，因此造成客户流失也就在所难免了。

那么，在具体销售过程中，销售员应该如何让客户明白“一分钱一分货”的道理呢？

1. 为顾客计算性价比

受很多因素的影响，当今社会，很多消费者在购买东西的时候，更能着眼于产品的性价比来决定是否购买。性价比已经成为越来越多的客户购买商品时考虑的重要因素，无论商品价格高低，顾客们都希望通过衡量商品的质量、价格、功能等来考虑商品的性价比。但并不是所有客户对自己所要购买的产品都有足够的了解，很多时候，由于客户对产品的认识受到很多因素的制约，例如对商品的性能不够清楚，忽视了一些重要的细节等，因此也就可能对所购商品的价格提出质疑。

所以作为销售员，想要尽快消除客户的错误理解，就要准确及时地传达给客户与商品质量相关的信息，尽量让客户全面地了解商品质量，并以此为客户计算出性价比，让客户一目了然地看到商品的质量与价钱之间的内在关系，消除其有关价格的质疑。

2. 用事实说话

俗话说，眼见为实耳听为虚。有时候，销售员费尽口舌，将产品的功能和优势一一解说出来,但客户并不相信,反而撂下一句话:“王婆卖瓜,自卖自夸,有谁不说自己的瓜甜?”的确,这一回答让一些销售员不知如何是好。俗话说:事实胜于雄辩。再好的解说也比不上事实的力量,只要销售员用事实说话,那么就不愁卖不出好产品。

在销售过程中,所谓的事实并非权威证书或者一纸公文,只要销售员让客户多一些实际体验,让客户从内心体会到产品质量的优越性,就完全能够消除其嫌贵的心理了。

3. 保持足够的耐心

对于客户始终保持的价格疑义,销售员束手无策,于是,放弃成了销售员常有的做法,其实,没必要这样,因为放弃了一个客户,就失去了一次成交的机会。另外,客户对产品有价格上的异议,说明他有意向购买,只要化解价格异议,销售成功是自然而然的事情,为什么放弃一次成交机会呢?

在这个过程中,针对产品向客户进行详细的介绍和解释是不可少的,如果客户一再提出疑义,销售员切不可因为急于成交而降低价格或者是放弃客户,而是要拿出足够的耐心,向客户讲明价格与质量的关系。只要销售员拥有足够的耐心,并辅以正确的沟通方法,那么就能让客户明白“一分价钱一分货”的道理。

掌握报价的最佳时机

很多销售员在介绍产品时,就和客户产生了价格上的异议,这很大一部分原因是销售员没有掌握好正确的报价时机。因为客户心中有个平衡点,就是价格与价值要相对应,因此,只有让客户看到产品的价值,觉得物有所值后,才可能接受那些看起来似乎有点儿高的价格。这就涉及报价时机的问题,如果销售员在客户不知道产品价值的情况下报价,就很难让客户对产品有一个理性的认识，在不恰当的时机谈论价格，也容易引起客户的反感，从而导致销售失败。只有在谈判进入成熟阶段，也就是客户对产品有了比较完整的了解，客户对产品表现出浓厚的兴趣时，再顺势报价，交易才能水到渠成。

销售情景：

老陈是一名老推销员了，在行业里还是有相当的经验的，他推销的是重型机械。一次，他联系上了以前的一个准客户——一位企业经理，他是这样同客户沟通的。

销售员："您好！杨经理，我是某某机械制造公司的销售员，咱们也是老关系了，听说你们公司需要更换一些旧设备，不知道你是否有兴趣了解一下我们新推出的智能设备？"

客户："价位是多少？"

销售员："杨经理，对于您来说，质量和性能是最重要的，您说是吗？"

客户："是的！"

销售员："如果设备不好，即使免费送您，也会浪费贵公司的时间，给贵公司造成损失，您说是吗？"

客户："没错！"

销售员："所以我希望带点儿资料和你面谈，只需要10分钟的时间，您看我是明天上午还是下午去拜访您呢？"

客户："下午来吧！"

分析：

情景中的销售员老陈在报价上的技巧的确值得我们学习，在客户没有了解产品的价值和优点前，千万别报价，当客户问及价格的时候，我们要想方设法避开这一话题，当客户对产品的价值有认同感之后再报价，客户才会欣然答应。那么，在介绍产品时，我们具体该怎样做呢？

1. 了解客户的购买情况

所谓客户的购买情况就是客户的真正需求、购买能力、购买意向以及购买意图。最好在报价之前把对方了解透彻，这样才能有的放矢地介绍产品，把握报价的范围。主要的销售方法就是：针对客户的真实需求和购买意愿，强化产品的某些属性和功能，激发客户对产品的兴趣，然后介绍产品的价格。

但具体的销售中，很多客户因为最关心的是价格问题，所以一般在一开始就直接问价格。对此，销售员最好采取听而不闻的态度，继续进行你的介绍工作，因为此时客户还没对产品产生了解的兴趣，询问价格也只是随口问问而已，当销售员所回答的价格在他的预料之外的时候，客户对产品的兴趣就会化为乌有。总之，此时报价，时机尚未成熟，过早报价会阻碍交易的顺利进行。我们应当突出产品的优势，强调产品能给客户提供的便利。这样我们就需要先了解客户的真实情况。

一般情况下，有购买欲的客户在了解了产品之后会主动询问价格，即使他不询问，销售员也可以顺理成章地告知他："因为我们产品各方面性能都比较好，所以价格可能有点儿贵……"只要能抓住客户的心理，再贵的产品，对方也会购买。

如果客户对行业价格比较熟悉，而且对产品了解比较专业，那么我们完全可以直截了当地告之价格。只是我们必须保证一个比较合理的报价，因为他们一般都能对产品的质量和价格作出理性衡量。

如果客户对产品没有一个明确的购买意向，也就是说他可买可不买，那么在他询问价格时，我们可以给他一个模糊的价格，也就是一个价格范围，供其参考。

除此之外，我们还要充分了解行业的价格动态，力求以一个合理的价格吸引客户、留住客户。

2. 最佳的报价时机

在介绍产品时，选对报价时机，成功地完成报价，可以说，会为接下来的销售工作打下了良好的基础。那么，什么时候才是最佳的报价时机呢？大量销售员的经验表明，最佳的报价时机必须具备下列三个条件：

(1)客户对产品有充分的了解。

其实每个客户都会嫌产品贵，这也是人们购买产品时普遍存在的心理。只有在客户了解产品的具体情况后，能够理性地看待产品价格了，这时候再报价效果才会更好。

(2)客户对产品有强烈的购买热情。

如果客户的购买热情并不强烈，除非是价格很有吸引力，否则，销售员主动报价，客户也会不为所动。倘若价位对客户来说比较贵，那么，这个客户肯定会流失。

(3)引导客户主动询问。

当销售员在介绍产品时，客户表现出足够的兴趣，他一般会主动询问价格。这时候，销售员顺势报价，交易往往会非常顺利。为了做出一个理想的报价，我们也可以利用询问的方法，了解客户的购买计划，引导客户主动交出底牌。如："您需要哪个档次和规格的产品？您想花多少钱来采购？你们计划为这笔设备投资多少钱？"等。但是，询问也要找对时机，否则目的性太强，不利于后续工作的开展。

王勇是一家销售公司的销售员，一次，他拿着产品资料来拜访他的客户杨经理。当王勇针对杨经理公司的实际情况介绍完产品以后，杨经理对产品非常的满意。

销售员："所以说无论是质量还是性能，我们的设备都非常好。"

客户："你知道，这种先进的东西，维修起来很麻烦。"

销售员："的确很麻烦，尤其是那些三天两头容易坏的产品。不过我们的产品一定能让你放心。我们经过三年的研究，三年的测试，才上市，这批产品三年内，损坏率只有2%。"

客户："哦，那你们一台设备是多少钱？"

销售员:“因为我们的设备是市场上技术最为先进的产品,而且质量过硬,所以价格会比较高。您看一下,这是我们公司设备的价格一览表。如果你对此还不放心,你可以到我们公司来亲自参观,实地考察一下这些设备的功能。你看明天行吗?”

客户:“好!”

销售员王勇的报价时机就是最佳的,他一步步引导客户,抓住了客户的实际需求,而且让客户默认了产品的设备先进的优势,这样一步步引导客户来询问价格,在报价后,为了进一步证实产品的价值,王勇还主动邀请客户去体验,可以说,他的这一报价方式是很成功的。

所以,销售员并非随时随地都能报价,一定要为价格这一敏感的话题找到一个恰当的讨论时机。那样既不唐突,又能展现良好、专业的职业形象,同时得到客户的青睐。

刚开始报价,不可报价过低

我们明白,每个销售员追求的利润来自于成本和销售价格之间的差价,也就是销售价格越高,销售员从产品中获得的利润就越高,这也是销售员工作的内容。的确,每一个销售员都希望自己销售的产品销路好,受到客户的欢迎,同时也希望产品能够卖个好价格,多获得一点利润。而这就要求销售员在报价的时候,不能在开始就报价过低。而在现实销售工作中,常有一些销售员会用较低的报价来吸引客户的目光,认为这样可以缩短销售时间,也更容易促成交易,然而结果往往是不尽如人意,销售员不是丢了客户,就是丢了利润。这是因为客户在购买商品时,总是希望商品价格能够在谈论中有所降低,无论销售员的第一次报价多么吸引人,客户都希望进一步获得更低的价格,一旦销售员的第一次报价过低,销售员就容易处于被动,要么客户转身离开,要么商品被低价售出。

销售人员在报价的时候,必须要有一定的高度,才能为自己接下来的价格谈判留有余地。因为,其一,每个客户都有这样的心理,那就是销售员初次报的价格,肯定是赚足了利润,这是他可能购买的最高价格,是他可以接受的最高条件。所以,销售员一旦报出了价格,就不好提出更高的价格了。再者,如果销售员在开始就报价过低,就会让客户对产品质量产生怀疑,因为每个人的购买心理都是矛盾的,都希望用最低的价钱买到价格高的产品。再次,报价若高一些,则为以后的磋商留有余地,手上有一个进行交易的“筹码”。最后,报价往往对成交的价格水平具有实质性的影响。

因此,在销售过程中,销售员的第一次报价切不可过低,不管怎么样都要给接下来的谈价留下余地,否则销售工作就很难正常展开,更不要提有什么销售成果了。

销售情景1:

小小高中毕业后就自己开了一家了服装店,因为眼光独特,进的一些衣服都款式新颖,非常受年轻女孩们的欢迎。这天,一个女孩来买衣服,在经过一番挑选之后,女孩把目光锁定在一件款式时尚的长款外套上。

销售员:“这件衣服是前几天刚到的货,不论是花色还是款式,都是非常时尚的。如果您喜欢可以试一下。”

客户:“样子倒是还可以。不过这种绿色会不会不太好搭配衣服。”

销售员:“这个你完全不用担心,无论搭配白色还是金色,都是相当出彩的。况且你的皮肤很白,穿上这件外套之后会显得更加白皙,同时衣服颜色也会被衬托得很好看。”

客户:“哦,是吗?那价格多少?”

销售员:“你先来试穿一下,看看效果怎么样。”

客户试过衣服之后。

销售员:“这件衣服非常能衬托你的气质,特别是你今天正好穿了一条白色的裤子,看,搭配起来多漂亮。而且现在就能穿。”

客户:“嗯,是不错。不知道价格怎么样。”

销售员:“这件衣服是新款上市,220 元。”

客户:“有点儿贵啊,只不过是一件外套嘛。不能便宜了吗?”

销售员:“这个价格已经是很便宜了,我开始就压低了价格了。无论您去哪家服装店,这样的衣服 220 元都不贵,何况还这么适合你。”

客户:“也不给打个折? 现在买衣服一般都有折扣的啊。”

销售员:“我们的价格已经很低了,折扣都已经包含在其中了。”

客户:“这个价格还是觉得有点儿贵。如果再便宜点儿我可能会买。真的不给打折吗?”

销售员:“对,真的打不了。这个价格已经是底线了。”

客户:“那算了,我再看看吧。”

销售情景 2:

客户:“嗯,是不错。不知道价格怎么样。”

销售员:“这件衣服是新款上市,299 元。”

客户:“那么贵,只不过是一件外套嘛。不能便宜了吗?”

销售员:“这件衣服属于春秋装,现在是春天,到了秋天同样可以拿出来穿,而且绝对不会落伍。其实一般我都是很少打折的。难得你这么喜欢这件衣服,穿起来又这么漂亮,那给你打个 9 折吧。”

客户:“好吧,那就拿这件吧。”

分析:

在销售情景 1 中,销售员小小的做法是错误的,结果也与她本来的动机背道而驰。因为她没掌握好客户的购买心理,每个客户在购买的时候,都会认为产品可以更便宜一点,倘若报价低,就会让自己处于被动地位。而她因为希望缩短销售时间或是想要留住客户，在一开始就给客户报一个相对较低的价格，认为这样可以吸引客户。然而对于客户来说，这样的做法却往往并不奏效，陷入了进退两难的境地，再降价的话，没有利润；坚持原价，则会赶走顾客。而情景 2 中的销售员的报价技巧就是对的，首先给客户一个相对高一些的价格，留出足够的谈价空间，再适当地给予客户一定的让步，这样商品不仅能够以较合理的价格成交，也不会造成客户的反感，相反还会让客户欢喜而归。因此，销售员在第一次报价时，一定不要报价过低。即便是想“薄利多销”，销售员也要留下一定的价格空间，以保证销售工作的顺利开展。

那么，在实际销售过程中，销售员应该如何掌握报价的度呢？

1. 根据具体情况选择报价

销售工作就是和不同的客户打交道，在销售过程中，销售员接触到的客户也并不是一成不变的，不同的客户有不同的性格、文化背景，在砍价上有擅长的也有不擅长的，销售员要静观其变。因此，销售员在报价时就需要根据客户具体情况来作决定。

如果客户善于压低价格，那么销售员可以在开始报价时选择做高一些的报价，这样一来，就算是客户把价格压低了很多，销售员还是给自己留了一些余地，销售工作还是可以继续进行。而对于那些对产品比较了解、认识比较客观的客户，那么销售员最好给出一个相对合理的报价，因为这些客户大多能够对商品的质量和价格做一个理智的衡量，如果他们认为销售员给出的价格合理，一般不会再作更多的工作。如果客户并没有明确购买目的和方向，销售员可以作一个范围报价，给客户设定一个价格范围，待其确定具体购买方向时再作详细报价。

2. 给予客户一些“小优惠”

无论是赠送礼品还是作产品折扣，只要适当地运用一些让利方法，给予客户一定的优惠，都能让销售工作变得更顺利。特别是当销售员对某些产品的第一次报价较高时，可以在接下来的销售工作中适当地给予客户一些

"小优惠",来平衡客户的心理。

但销售人员在报价时还应注意:报价要明确,没有保留,毫不犹豫,提出报价也不必去作说明。其原因是:对方对你的报价一般不会接受,或不会马上接受,必然要进行询问。如果你报价后立即说明,反而使对方意识到,"啊！原来你们关心的是这些问题。"

适当时让客户出价

在与客户的沟通中,究竟谁先报价？是由销售人员报价还是由客户报价？这个问题在销售实践中一直存在争议。

实际上,谁先报价,谁就容易丧失控制价格的主动权。比如,如果销售员先报价,那么,接下来的谈判和交涉过程只能在这个限定的范围内,客户不可能以比这更高的价格买下你的产品;而且,假如客户对该行业很熟悉,对产品更是了如指掌,销售员先报价,很可能引起客户的不满,这就更容易将谈判陷入僵局,销售甚至可能告吹。所以,销售员不妨把报价的权利交给客户,让客户掌握主动权,客户感觉受到了尊重,自然会有个轻松的购买心理。因为,毕竟在销售过程中,很多时候商品的价钱都是在买卖双方的探讨中定夺下来的,只有买卖双方在平等互利的情况下探讨价格,销售工作才能更为顺利的开展。因此,在进行销售工作时,销售员一定要给客户一定的空间,在适当的时候让客户出价。

销售情景:

一个美丽的女孩走进一家名牌鞋店,在转了几圈后,最后在一双亮丽的红色靴子旁站住了,并仔细地看了起来,这时销售员萧红迎了上来:

销售员:"你好,小姐,这双靴子是今年的新款,而且,它的颜色是今年最流行的,也是我们店才进的,是主打产品呢。"

客户:"这是皮制的吗?"

销售员:"对,这是纯牛皮的。穿起来会非常透气,也很舒适。如果您喜欢可以试穿一下。而且,护理、保养也很方便。"

客户:"可是我怎么看也不像纯皮的啊。皮制的靴子怎么会这样呢?"

销售员:"这双靴子是纯牛皮的,只不过是做成了漆皮。这种漆皮现在特别流行,特别是搭配一些流行服饰,会非常漂亮。而且清洁方便,如果靴子脏了,只要用潮湿的棉布轻轻擦拭就可以了,既方便又实用。"

客户:"哦,是吗? 这靴子多少钱?"

销售员:"499 元。"

客户:"那么贵!"

销售员:"其实对于一双纯皮的靴子来说,这个价钱还是比较划算的。我看你挺喜欢的,而且应该很适合你。光我说不管用,你先穿上试试效果,如果你觉得效果好我们再商量。"

客户试过商品之后。

销售员:"看,你本来就很苗条,穿上这双靴子看起来就更显身材了,走在街上回头率一定很高。"

客户:"不过价格有点儿贵,我有点儿接受不了。"

销售员:"我想你这么时尚的女孩一定知道我们的货都是出口国外的,质量绝对有保障,难得这双靴子又是今年的新款,又这么适合你,如果你穿出去,绝对会有很多女孩羡慕。"

客户:"但是我还是觉得有点儿贵……"

销售员:"其实这双靴子特别受欢迎,但是因为数量有限,所以我只是推荐给那些穿起来好看的女孩。前不久一个女孩想要400 元买下,和我谈了很长时间,我也没卖。那你给出个价,看看你想多少钱买。"

客户:"400 元也不卖?"

销售员:"对,这个是最低线了。"

客户:“那450元吧,我也不和你讨价还价了。”

销售员:“好吧。我帮你装起来……”

分析:

情景中的销售员之所以能将产品卖出去,是因为她在价格上给予了客户一定的商量空间,的确,适当地让客户出价,让其获得一定的决策权,是销售工作得以取胜的一个方面。当销售员给予客户一定的主动权之后,客户就能获得一定的心理优势,销售工作也就更容易展开了。

在销售过程中,让客户出价是一种销售手段,也是缓解销售紧张局面的方法。销售员让客户先了解到商品大致的价格及质量情况,再让其出价,给其一定的主动权,让买卖双方的关系活跃起来。这时一般明智的客户都能够根据情况给出一个相对合理的价格,销售工作也就能够更为顺利地进行。

那么销售员在销售时如果让客户来出价,都需要注意哪些问题呢?

1. 了解客户各方面的购买信息

客户的购买情况是指客户的身份、购买能力以及购买意向等,这些销售员都可以通过客户的外表、言语、表情、动作、眼神等传递出来。这就要求销售员善于观察客户的一举一动,从中获悉客户的身份、水平和购买商品的意向。通过对客户的身份、动向等分析,销售员可以据此决定让客户出价的时机和方式。

那些购买目的明确、且对所购商品及其相关领域了解甚多的客户,一般有着较为丰富的业内知识,在商品价格的衡量上也有着较为准确的定位,对于这类客户,销售员只需要做足商品介绍,向客户给出一个大致价格,然后让客户出价。一般而言,这类客户的出价都会在合理的范围之内。

有时销售员还会遇到一些购买目的明确,但是对商品的相关领域和知识了解甚少的客户。这类客户常常因为对所购商品不够了解而做出错误的价格定位,因此销售员在面对这样的客户时,就要谨慎使用让对方出价的方式。销售员一定要让客户充分了解商品的具体细节及价格范围之后,再让客户出价，以防止因价格分歧过大而造成销售气氛紧张或销售失败。

2. 让客户在某个范围内报价

在销售时，有些销售员在使用让客户出价的方法时难免会过于轻率。因为在购买商品时，每一个客户都希望商品物美价廉。所以在没有让客户认识到商品的价格范围和质量时就让客户出价，往往容易导致客户出价过低，销售不成功也就在所难免了。

无论客户是专业人士还是业外人士，销售员都要在销售过程中给客户一个大致的商品价格范围。这种价格范围并不是一些简单的数字范围，而是需要销售员通过向客户介绍商品以及相关领域的情况，将商品划定入一个相对稳定的价格圈，并使这种价格圈成为客户衡量商品价格的参考。当客户对商品价格的衡量受到这种价格圈的影响时，大多会出一个相对合理的价格。

但销售员要注意，如果推销对象是老客户，彼此已有长时间的业务往来，双方的合作关系较好，互相了解，关系融洽。在这种情况下，谁先报价对双方来说都是可行的。而且，在洽谈各项合同条款时，也不必逐项议定，因为，以往的、通行的做法得到了双方的确认，因此，需要洽谈的只是少数几个交易条件。由于双方彼此之间比较信任，合作气氛浓厚，报价和议价阶段也就不再是一个棘手的、需要反复较量的过程了，双方都不会在枝节问题上过多地纠缠，因而整个谈判进程就可大大加快，在较短的时间内就能顺利地完成交易。

“以退为进”的价格谈判法

销售过程中，经常遇到这种情况：销售员苦口婆心，说尽了产品的好处，但客户始终坚持自己的意见，双方仍然难以商定出一个令双方满意的价格。

其实,当价格谈判僵持不下,客户毫不松口的时候,销售员不妨采用迂回的进攻战术,以退为进,以适当的让步留住客户。

一位营销专家曾经说过:"谈判并非是一条直线,而是一个圆,销售员处于这个圆上的某一点,我们的目标是到达圆内的另一点。当我们无法朝着一个方向直线前往的时候,我们完全可以转个身,退后几步,从另一个方向跨越障碍到达目的地。"一些销售工作之所以失败,往往是由于销售员在销售时缺乏变通,不懂得"以进为退",浪费了不少口舌却得不到客户的点头。因此,当销售员凭借单纯的产品介绍和热情无法赢得客户的青睐时,采用"以退为进"的谈判法往往能让销售工作快速取胜。

销售情景:

小王是某建材公司的销售员。一次他同一个房地产公司的采购负责人进行谈判商榷。

销售员:"您对于我们的产品还有什么想要了解的吗?"

客户:"大致情况我都知道了,你们的产品不错,但是我觉得你们的产品价格还是偏高,如果你能再降些价格,我们可能会认真考虑一下……"

销售员:"我想对于我们产品的质量您是十分清楚的,您刚才也承认了,我公司的建材产品之所以这样受欢迎,完全得益于产品良好的质量和信誉,我们的产品在业界的声誉很好,可以说已经是老字号了,您完全不用担心质量问题,而且我们还会为你们的装修工程提供多种解决方案,从设计方案到材料的各项配置,我们都可以提供全程服务。您觉得这价位合理吗?"

客户:"你们的产品和服务的确不错,的确很吸引人,和你们合作自然放心,可实际上,相对于我们的预算,还是有点儿贵。如果能再优惠一些我会考虑的。"

销售员:"如果能降,我当然会给您降的,但是,您知道目前各个行业的原材料都在涨价,我们这里自然也不例外,供货商纷纷涨价,我们的利润已经是非常少的了。"

客户："但这价位还是贵。"

销售员："这样吧，我们都谈了那么久了，总不能让您白跑一趟。我们每件门窗的降价范围即使是老客户也不能超过50元，我给您降50元，怎么样？但是，我们必须先拿到70%的首付，三个月内还清，其他条件不变，你看怎么样？"

客户："哦，行，那就这样吧。"

分析：

情景中，销售员小王之所以能达成令双方满意的成交结果，并为公司争取到了首付资金，他运用的就是以退为进的方法。从这个销售情景中，我们明白，在销售过程中，要善于变通，不要一条道走到底，这并不利于成交，我们不妨也退一步，缓解紧张的谈判氛围，减小损失，获得最大的利益。

"以退为进"谈判法是一种迂回的进攻战术，是指销售员使用让步客户的方式，最终达到推动销售工作的目的。特别是在商品价格的问题上，销售员如果能采取"以退为进"的方法，不仅可以缓解销售可能造成的紧张局面，还能让销售工作获得很大程度的进展，对于销售员来说是一种好的谈判法。

那么，在具体的销售过程中，销售员该如何运用这种以退为进的迂回战术呢？

1. 以大局为重

在销售工作中善于考虑大局，放眼长远，是一个优秀销售员需要具备的基本素质。只有在实现长远利益的基础上作出让步，才有可能取得销售工作的最终成功。特别是对客户采取价格让步时，销售员更要结合长远利益，考虑让步的幅度和尺度是否有利于长远利益的实现。如果销售员只顾眼前利益，就有可能失去更多宝贵的销售机会。

因此，在对客户做出让步之前，销售员一定要考虑到全局，如果让步影响了长远利益，销售员就要采取其他的途径加以解决，如果让步可行，再采取适当让步。

2. 前期谈判不轻易降价

前期谈判过程中，销售员不宜轻易降价，是因为一方面要争取最大的利润空间，另一方面是凸显让步的艰难程度。这个时候，我们可以闭口不谈降价，而是巧谈产品的价值，让客户首先认同产品价值，一旦如此再讨论价格问题就容易多了。

3. 把握"退"的尺度

销售员一定要记住：永远也不要做没有利润的交易。如果销售员的让步已经使自己无利润可赚，那么就算成交了也是一种失败，所以"以退为进"并非无条件的让步。销售员在商讨价格时，一定要把握一个"度"，在价格商谈中，每次降价的幅度都不能太大，这样才能使自己始终处在主动地位，从而保证利润获得。

4. 洞悉客户的底牌

每个客户心中都有一个理想的成交价格，一般成交的时候，也不会差距很大。如果销售员能把握住客户的这个理想价格，那么，价格谈判将会轻松得多。通常销售员并不容易揣摩或是洞悉客户的价格标准，但是我们可以通过其他的途径来分析获得。如：通过客户周边的人了解客户的购买习惯、擅不擅长还价，在同类产品上的购买状况等。当我们清楚客户心中的价格标准后再采取措施，就能有的放矢，更好地把握退让的"度"，从而更快成交。

总之，对销售员来说，让步不是目的，而是最终获得理想利润的手段，有条件的退让，既能够让客户看到诚意，又能保证利润。让步也需要掌握尺度，一些销售员为了获得销售成功，往往会过早地在商品价格上做出让步，或者一次做出大的让步，结果往往使销售工作陷入毫无退路的境地。让步也需要讲究方法，在销售时，销售员正确运用好这种"以退为进"的谈判法，那么商定价格就不再是个难题。

审时度势,如何打破价格谈判僵局

在销售过程中,当销售员和客户在价格上无法达成统一意见并僵持不下时,就进入了谈判僵局,此时,如果销售员处理不好,销售工作就有可能无法顺利进行,很多时候都是以失败收场。在任何一场销售谈判中,出现谈判僵局都会给销售员造成一定的压力。面对这种压力,每一个销售员都应该学会审时度势,用自己的热情与智慧快速打破谈判僵局,尽快扭转局面,这样销售工作才有可能取得成功。

销售情景:

一名电脑推销员拜访一位事业单位负责人,经过一段时间的交谈后,负责人表现出了强烈的兴趣,他的确也想把单位的一些老式电脑更新一下,但是在价格问题上,负责人却非常坚决。

客户:"不行,价格还是很高。况且,我们的电脑还能用,我犯不着花那么多的钱更换。"

销售员:"目前的电脑市场竞争非常激烈,我们为了业绩已经降低了售价,给您的价格已经是最低的了,不能再降了。"

客户:"你们价格那么高,我们需要50台电脑,但是以你们的价格,我们的预算只能买到一半你们的产品……"

(谈判陷入了僵局)

销售员:"王先生先来杯茶吧,你喜欢铁观音还是普洱……茶叶可以越陈越好,但是像这种高科技产品可不一样,更新的很快。可能您觉得我们的产品有些贵,但是,我们的价格在市场上已经是非常便宜了,这些电脑都是有市场报价的。您是行家,我没必要和你绕弯子,你说呢?"

客户:"至少每台降200元。"

销售员："我们每台单价的降价幅度是不能超过100元的，说实话，对于那些合作多年的老客户，我们也始终没有超过这个范围。如果您真是想更换那些单位的电脑的话，我就给您这个价，每台再降100元。就全当您是我们的老客户了。您看怎么样？"

客户："那好吧。"

分析：

情景中，我们看到双方口中的价格差异非常大，这时候，销售员和客户的谈判陷入了僵局，此时，销售员的聪明之处，就是让客户肯定了产品，从而让生意有继续谈下去的前提。因此，销售员要明白，即使谈判陷入僵局，只要销售还具备成交的可能，销售员就务必要留住客户，如果不肯让步，说出"就这价，你不买算了""要不您上别家买去"等态度坚决的话，那么生意估计就肯定会失败。所以，在谈判僵持不下的时候，销售员的态度一定要友好，不能和客户产生冲突，这样才能保证谈判在一个良好的氛围下继续进行。

那么在具体销售过程中，如果遭遇了价格谈判僵局，销售员都应该通过那些方法来处理呢？

1. 把尊重放在第一位

尊重客户是对销售员的基本要求。无论发生什么，即使与客户产生了矛盾，销售员也要尊重客户，这是缓解一切紧张气氛的良药。无论客户表现出什么样的态度，始终用微笑回馈客户，客户自然也就能感受到尊重，也会同样对你保持尊重。

2. 让谈判在和谐的氛围下进行

除了微笑和礼貌以及尊重客户，销售员还不能死板，还需要适时地制造一些幽默话题，幽默是打破沉默、缓解气氛的最有效润滑剂。当然，制造幽默更是要讲究一定的语言技巧，销售员制造幽默话题并非单纯地讲笑话，而是要和产品以及销售这个本质性的问题挂钩的，殊途同归，幽默的目的其实也是解决销售中的实质性问题，不然海阔天空地乱侃，销售中的问题还是没解决。那些优秀的销售员大多是在制造幽默中解决问题的，无论是谈论客户感兴趣的话题、有意思的新闻，还是一个有趣的故事，他们总能将其联系到销售工作的本质问题中去，善于用幽默的语言中表达自己的观点，委婉地说服客户，在打破谈判僵局的同时，也一并推进了谈判的进展。

3. 可适当让步

当谈判出现僵局后，最终销售是否取得成功将完全取决于销售员的做法。对于那些有关价格的具体问题，销售员可以与客户耐心洽谈，讨论成败与否的双方得失，如果有必要，销售员也可以作出一定的让步。

4. 暂时停止谈判

如果谈判已经到了僵持不下、实在无法进行的地步，销售员可以暂停谈判，再约时间。这样把问题先搁置一边，给双方留一定的缓和时间来重新考虑，稍后重新恢复谈判，这样反而效果更好。但需要注意的是，你一定要保证客户有诚意和你合作，否则终止谈判就等于彻底放弃。如果不确定他是否对这项生意有诚意，那么你不妨一道陪同，促进了解，增进感情，如陪客户一起吃饭、约客户打球等。

5. 更换谈判者

在有些时候，销售工作的展开需要几个销售员协同合作，当然价格谈判僵局的产生也就可能来源于其中的某个或某些销售员，而这些人有时却往往对此浑然不知。如果谈判局面一再僵持，那么谈判人员中那些稍有经验的销售员就要考虑，应该让那些引起谈判僵局的人员暂时离开，从而避免谈判进程进一步僵化。

其实，谈判是一个相互妥协、相互退让、最终实现共赢的过程。谈判中出现僵局很正常。销售员遇到这种情况，不要胆怯，更不能逃避，而要学会勇敢面对，尽量营造出一种轻松的谈判氛围，这样才有利于销售的进一步展开。

第七章

因人而异：不同的客户有不同的应对方法

即使是富有经验的销售人员，也会遇到一些难缠的客户，有些客户购买产品总是犹豫不决；有些很固执；也有些喋喋不休，像个“话痨”；也有些沉默寡言，让人摸不清；有些客户比销售员还专业，提出的问题让销售员哑口无言……这些都是难缠的客户，遇到这样的客户，销售员要审时度势，巧妙地化解这些客户的疑问，才能顺利拿下客户，做成生意。

犹豫不决型客户：耐心地解决其疑问

我们在销售中经常会遇到这样一种情况，客户已经有购买意向，双方谈判也已经接近尾声，也就是在即将成交之际，客户却始终犹豫不决，不肯下决定，总是对产品有疑虑、不放心，而这就成了商品成交的一个重要障碍，此类客户就是犹豫不决型客户。对于那些犹豫不决的客户，销售员如果不能正确地处理和解决，不仅白白浪费了口舌，而且还很可能就此造成客户流失。

其实，如果站在客户的角度发现，如果我们自己是客户，即使我们真正想购买一件商品，在正式付款之前，也会左看右看，生怕买错买亏，这种心理也很正常。因此，当那些客户说出“我要考虑考虑”“让我想一想”诸如此类的话，要知道这些话只是一个借口，而不是真正的拒绝理由。推销员只要找出真正的拒绝理由，并有创意地加以解决，就有推销成功的可能。

销售情景：

一位端庄大方的女顾客走进一家首饰店，并且对店中的一款项链非常感兴趣，隔着橱窗左看右看。店中的销售员李洁见状便迎了过去……

销售员：“这款项链看起来和您很配，无论是它的做工还是款式，都非常适合您。”

客户：“它是什么材料做的？”

销售员：“您这么有气质的女士，当然是适合进口的了，这是一款从巴黎进口的限量版产品，纯铂金制造。”

客户：“是吗，我看着色泽是很好。”

销售员：“是啊，我看着这款项链和您的气质真的很搭配。”

客户:“是吗?我也这么认为。不过我还是想再考虑一下。”

销售员:“其实这条项链真的非常适合您。而且我也看出来您特别喜欢。不知道您还有什么疑虑,可否说出来让我给您分析一下?”

客户:“这条项链的价格实在有点儿贵。”

销售员:“这个我可以理解,但是这条项链真是很适合您,更显得您高贵了,一般女性买首饰能碰到特别适合自己的很难,但是我看您刚走进来就看到了它。这条项链不戴在您身上真是可惜了。”

客户:“我也一直都觉得这条项链比较适合我,我挑首饰还是挺挑剔的。”

销售员:“是啊,所以说戴这条项链准没错,不论是上班还是参加舞会,您准能成为全场的焦点,相信您戴上它回头率会更高呢。而且我们的这款链子数量比较少,就是专门留给那些符合这款项链气质的女士的。您放心,在这个城市,再没有第二条了。其实有不少女士都喜欢这条项链,但感觉总是觉得没有那么好的气质足以配它。”

客户:“是吗?那看来还是挺适合我的,你给我包起来吧。”

分析:

销售员李洁的聪明之处就在于,在面对犹豫不决的客户时,她没有只是通过一味地强调产品的优点,企图打动客户,而是实质性地解决了客户内心存在的疑问。

的确,面对犹豫不决的客户,很多销售员以为,客户不是存心购买,既然如此,多说无益,于是,面对客户的疑虑,销售员并没有为之解决,而是放弃了挽留,甚至主动放弃销售机会。也有一些销售员,为了尽量促成生意,不顾客户的感受和内心想法,一味地对客户说明,客户购买绝对没错,但实际上,他忽略的是,客户之所以犹豫不决,是因为心存疑虑,不能百分百信任产品等,其实,销售员要做的重点就是帮助客户消除这种疑虑。如果客户的疑虑点较难消除,销售员可以采取取长补短的方法,向客户展示有利于他的方面,从而弱化客户的疑虑点,达到销售目的。

那么,当客户表现出犹豫不决时,作为销售员都应该运用哪些技巧来化解他的顾虑呢？具体来说有以下几点:

1. 找到客户疑虑的结点

当客户说出“我再考虑考虑”这样的话,聪明的销售员一定要注意,切不可心急气躁,立即去解决客户的这一问题,这很容易引起客户的反感,他会认为,你的急于变化可能证明了疑虑的存在,这时候,你可以转换一种说话的方式,套出客户疑虑的原因:“实在对不起。请原谅我不大会讲话,一定是我的介绍使您有不明了的地方,不然您就不至于说‘让我再考虑考虑’了。可不可以把您所考虑的事情跟我说一说,让我知道一下好吗?”这样既显得认真、诚恳,又可以把话头接下去,使客户愿意继续谈下去。

2. 重新燃起客户的购买热情

那些能够引起客户购买热情的产品,总能成为其购买时的首选。但随着销售员推销时间的增长和客户对产品的了解加深,客户自己的意见也就逐渐多了起来,于是,当初的购买热情也会慢慢退却,就会产生“我再考虑考虑”的说法,面对这种情况,有些销售员以为客户已经拒绝了自己,于是放弃了说服工作;也有一些销售员急于求成,结果给客户造成了压力,甚至让客户流失,这些方法都是不对的。其实,无论怎样,只要能激发起来客户的购买热情和欲望,那么销售取得成功也就比较容易了。所以,销售员要善于调动客户的购买欲望,在尽量消除其内心疑虑的同时,以商品多数的有利面来弥补客户认为的不利面,使客户增加对商品的满意度,增加其购买欲望。比如,销售人员可以直接对客户说:“您先不要这么想,您先看看这个样品,看看再说吧。本产品的特别之处就是……”这也是在进一步激发客户的购买欲,一步一步引导客户购买。可能客户从你提供的资料介绍中迅速抓住了一些关键疑点,正是这些疑点,使客户下不了决心。这时销售人员就应该站在客户的立场,从他的利益出发,同客户一道来考虑解决问题的办法。

在具体销售过程中,销售员可以用以下办法来增加客户的购买欲望:

(1)给压力。例如,可以告知客户优惠活动马上要结束了,或是产品数量有限等。销售员还可以说:“对不起,我知道您很忙,可是我没办法每天都来呀。我想您所担心的也许是交付问题吧！若不妨碍您的话,我们还是仔细谈一谈吧!”

(2)给诱惑。比如说:“的确,正如您所看到的,这就是最重要的地方,而这也恰恰是我要向您推荐这个产品的独特之处。以前使用的减肥食品都需要配合节食,使人难以忍受,但这种营养素却在您实行健美计划的同时,随心所欲,且不会产生副作用……”

(3)为客户制造优越感。客户在自身优越感得到一定满足时往往更容易接受销售员的请求。

3. 巧用问句促使客户购买

销售人员要询问客户要再考虑的缘由,进行针对性解决,促使客户购买。

一位销售人员试图将一台新复印机推荐给客户。客户看起来也很有兴趣,但是他说要考虑一下。

“好极了！想考虑一下就表示您有兴趣,对不对呢?”

客户:“你说得对,我们确实有兴趣,我们会考虑一下的。”

销售员:“先生,既然您真的有兴趣,那么我可以假设您会很认真地考虑我们的产品,对吗?”

销售员的这种问法就能问清楚客户疑虑的原因,销售员还可以尝试着这样继续问下去:“先生,有没有可能会是钱的问题呢?”如果对方确定真的是钱的问题,销售人员已经打破了“我会考虑一下”定律。而此时如果销售人员能处理得很好,就能把生意做成。

面对“话痨”型客户：要有耐心快决断

销售过程中，我们经常会遇到一些顾客，他们话很多，即使是对那些富有经验的销售人员而言，也会觉得他们很难缠，因为他们的情绪变化很快，大脑中的任何一个想法，都能成为他要表达的问题。而作为销售员，思想也要跟着他走，有时候，思维过程要360度大转弯：高兴起来滔滔不绝，你花费的时间会比预定的长很多；不高兴的时候更是要唠叨个不停；倘若在他兴头上打断他的话题，还会被客户认为服务不好。总之，这样的客户令销售员头疼。

这种客户就是我们平时所说的“话痨”。“话痨”的人情绪一般比较焦虑和躁动。面对这样的顾客，常有一些销售员会感到力不从心，无论是维护谈话气氛还是买卖双方的关系，都需要销售员付出更多的努力。有些时候，销售员还会发现，虽然在这样的顾客身上耽误了很多时间，但是销售最终毫无成果，甚至其滔滔不绝的语言还可能无形中破坏了自己的其他生意。尽管如此，如果销售员能拿出正确的方法来应对“话痨”型的顾客，实现销售的成功其实并不难，而且还有可能由此获得更好的销售业绩，爱讲话的客户总比不爱讲话的客户要容易应付得多。

销售情景：

客户：“你们店里的灯光怎么这么暗呢，这些包包摆在这里都看不清楚。这款多少钱？”（指着一款女士皮包）

销售员：“498元。这是我们今年推出的新款，这两天刚刚到货。”（微笑）

客户：“498元？也太贵了。都没有折扣活动吗？和你们同档次的牌子有好几个都打折了。”

销售员:“是的。如果是我也会觉得有点儿贵。不过话说回来,如果您每天挎着它,您绝对会觉得物超所值。这款皮包集合了今年的最新时尚元素,款式新颖,面料也相当好。498 元您绝对不会买贵。”

客户:“这个面料是真皮的吗,摸起来感觉怪怪的。不会是假的吧?”

销售员:“您放心,这绝对是纯皮的,我们是专卖店,不可能用假的来欺骗顾客,因为面料经过特殊处理,所以看起来和普通皮革有点儿不一样,但正是因为这样,这种皮今年特别流行。”

客户:“包包拉链颜色和包包的颜色反差这么大,好像有点儿不搭。看起来显得有点儿奇怪。”

销售员:“这是设计师的点睛之笔,也正是为了凸显这款包包的与众不同,您来试一下就知道了。”

客户:“好像是。你拿下来我挎着看看,不过不一定买。”

销售员:“这款包包十分衬托您的气质。而且现代女性购买包包,已经不是上个年代为了实用,而是为了搭配衣服,我相信您挎上这款包包,再配上您这身衣服,一定很显品位与气质。”

客户:“嗯,是挺好的,我在××品牌那里看中了一款,价格比你们便宜不少钱,也是今年的新款,但是感觉很普通。那就拿这款吧。如果包包有问题可以换吗?”

销售员:“是的。这个您完全可以放心,您一周之内都是随时可以调换的。”

分析:

我们发现,情景中的客户可以说是典型的“话痨”。对于销售员来说,面对“话痨”的客户,首先做到耐心是最为重要的。留住客户需要耐心,赢得客户需要技巧。即便顾客话再多,但是销售员一旦能掌握对话中的主动权,就往往能获得销售的成功。

在具体销售过程中,要想让“话痨”的顾客成为最终的买家,销售员都应该怎么样应对呢？

1. 不要过于在乎顾客的语言

“话痨”的人不论何时都容易成为谈话中的焦点角色，但很明显，这样的人在与人谈话的时候，显得很复杂和重复，同样的观点，会重复很多次，想到什么说什么，不着边际，而且也并没有几句有价值的话，对这些话，销售员也要选择性地听，一概吸收反倒让自己很累。而且“话痨”的顾客常常会不加顾及地说一些话，特别是一些不好的评价，在现实销售中，不少销售员都会为此而恼火，因此，也会较容易放弃这样的客户。然而，少争取一个客户，就减少了一个销售机会。其实，顾客的话再多，也是可以巧妙应对的。

事实上，这种“嘴上功夫了得”的客户并没有什么坏心眼，只要你忍住他的唠叨，不怕“苦”，不怕“累”，始终笑脸相迎，保持良好的销售礼仪和销售态度，等他们“痛快”地说完之后，总会平静下来，认真地听你说话，并对你表示友好，甚至很痛快地就购买产品，因为你充当了他最忠实的听众。

2. 善于提取价值语言

“话痨”型的客户说话一般没有固定的主题，总是不着边际，但是一般情况下，也总能归结出一些简单的主题，而且其中也有一些与销售有关的信息。

因此，在与“话痨”顾客的对话中，销售员就需要及时提取对方的谈话信息，并找出其中对自己销售有价值的部分，做到善于倾听，善于思考。

3. 学会制造销售机会

无论购买什么，“话痨”的顾客总是会提出更多的问题。销售员一定要善于抓住那些有利于自己的机会，就更容易掌握主动权，也更容易获得销售的成功。

比如，当顾客谈论商品外观时，销售员可以借此介绍商品的做工、质地等方面的优点，让顾客意识到商品确实物有所值；当顾客谈论到商品价格时，销售员又可以借此向顾客介绍商品的超值之处。无论怎样，销售员只要抓住顾客语言中那些对促进销售有关的话题，并适度地进行展开，对顾客加以引导。那么,想要获得销售成功也就变得更加容易了。

实践证明,客户买不买并不会随着时间推移而改变,其购买欲在交谈开始几分钟内就已经确定。而时间拖得越长,客户的积极性打消得也就越快,销售员一定要学会“快刀斩乱麻”,拿下客户,做成生意。

挑刺型客户:利用反对意见向前迈进

在销售工作中,不管销售结果如何,客户似乎始终会有一些反对意见,对销售员所推销的产品几乎处处挑剔,表现出指责或者不屑的态度。面对客户所持有的反对意见,一些销售员难免会感觉到失望和无奈,“既然客户都反对了,我还能怎样呢?”其实不然,对销售员来说,要理解客户的心态,任何人在购买产品的时候,都希望能买到称心如意的产品。而客户有反对意见,销售员应该高兴,这表明客户将注意力转移到了产品上,对产品有一定的兴趣,其实甚至可以说,这类客户还能给销售员带来更多的销售机会。在面对提出反对意见的客户时,销售员想要取得销售的成功,就要善于抓住客户的意见,从其反对的观点中切入话题,运用良好的思维能力和分析能力发现客户的真实想法和疑虑点,并向客户传递有效信息,消除其存在的疑义,从而促进销售成功。

销售情景:

玩具公司的销售员周康第二次来拜访一位客户,在第一次登门拜访时,周康已经获得了客户的肯定,这次,他带着公司的玩具样品,准备与客户进行下一步洽谈。但在客户看过周康带来的样品之后,却提出了一些反对意见:

客户:“你们公司的影响力还是比较广泛的,宣传力度也很到位,但是与之相比,你们公司的产品在细节上却有很多问题,这与你们所宣传的有出入啊。”

销售员:“我想您在玩具制作方面应该可以称为专家了。一个玩具公司能够拥有好的口碑,仅仅靠公司的宣传是很难达到的,好的质量和工艺才是关键。像您所说的,我们公司能够拥有较大的影响力正是由于产品质量优良、工艺精湛。对于产品的细节问题,您尽管提出来,我们公司一定会为您提供满意的解决方案的。”

客户:“细节问题太多了。就像这款样品,上面还有一些针脚问题,虽然问题不大,但是对于玩具来讲,这就是个大问题。二手货和折价产品也不过如此。”

销售员:“原来您是在说这个问题啊。不过您可能误会了,我给您拿来的只是一个样品。在我们与客户谈判时,样品难免会被反复挪动和试用,所以就会造成一些划痕。但是对于您定的货,您完全可以放心。如果产品有问题我们将承担全部责任。”

客户:“是这样啊。但是这款样品还是有一些问题,它的颜色好像没有宣传册上的艳丽,看不到那种效果。”

销售员:“您真是个细心的人,其实像这种布娃娃的颜色与其所在的环境有很大关系。如果光线较暗、环境亮度较低,那么拍摄的效果中颜色就会暗些。所以,很多厂家在给玩具做宣传画册的时候,一般都会特意设计一些灯,都是为了突出效果考虑的。”

客户:“哦。但是你们的产品还是有一些问题……”

销售员:“其实非常感谢您,为我们的产品提出这样的宝贵意见,这对我们有效改进工作有很大的帮助。你看这样好不好,我把您提出的问题都写在订单上,然后让生产部门按照您的要求进行处理。保证在交货期之前让您看到完全满意的商品,你看怎么样?”

经过周康妥善的处理,客户已经决定订购该玩具公司的产品了。

分析：

情景中的销售员周康能消除客户的意见，在产品有些小毛病的情况下，仍然劝服了客户购买，主要是与其态度有很大关系，他的谦虚、诚恳的态度打动了客户。的确，无论在什么时候，保持良好的服务态度，都是销售员取得销售成功的一个重要原因。可以说，一个销售员的态度就如同“产品的第二个质量”，与产品本身有着密不可分的关系。销售员只要懂得在解决问题的同时，保持态度的诚恳，对客户给予足够的尊重，那么销售取得成功的机会就会更大。但在实际销售中，在客户提出反对意见时，不少销售员都容易犯这样的毛病：只是一味地解释客户的问题，情急之时甚至与客户产生了语言上的冲突，销售员忽视的就是要注意自己的说话态度要顺应客户的心理才会有乐观的交谈结果。否则，客户即便消除了对产品的误解，也会因为销售员的态度而放弃购买意向。毕竟客户看重产品质量，也更在乎自己的面子。相对于自己的面子而言，客户很多时候宁愿放弃产品。

想要正确处理客户提出的反对意见，销售员就需要注意以下几点：

1. 保持高度的自信心

这里的自信，是指销售员不仅要对自己充满自信，还要对自己销售的产品有足够的自信。因为作为一名销售员，如果对自己不够自信，也就代表对自己所销售的商品缺乏自信，那么就更难以赢得客户的信任。只有时刻表现出自信，不被客户的意见所左右，并向客户传达值得信赖和具有良好信誉的信息，帮助客户消除顾虑，才能让客户对你所销售的产品更加信任。

因此无论客户提出多少反对意见，销售员都要对自己销售的产品充满自信，为客户积累对产品和公司的信任度，逐渐坚定其购买产品的决心。

2. 不要被客户问及的所谓问题所困扰

在购买商品时，客户总是希望能购买到完美的商品，于是经常在一些诸如包装、不够时尚等可有可无的问题上刁难销售员，对此，一些销售员难免会感到不知所措。其实很多时候，客户所提出的不少问题都是比较容易解决的,甚至有些反对意见是很少出现的。

所以销售员大可不必为此困扰,不要将自己过度纠缠进客户提出的琐碎问题中。走出客户琐碎问题的纠缠,并想办法控制客户对问题的扩大,才是这时销售员最应该做的。只要引导客户将关注点放在有关成交的实质性问题上,弱化其对琐碎问题的注意,那么就能更快地实现成交。

3. 找到问题的关键

很多时候,有些客户往往由于各种原因掩盖真实的反对意见,反而用一些可有可无的反对意见来刁难销售员,这就需要销售员具有良好的分析能力,能够从客户的反对意见中找出关键问题加以重点解决。关键问题,也就是那些对客户来说最重要的、客户本身最关心、与其关系最密切的问题。

作为销售员,当你真正弄清了客户担心的问题,并采取有效的方法加以解决,就真正打破了阻碍销售成功的障碍。如此一来,促成交易也就更加容易了。

4. 让客户了解产品优势

客户提出反对意见时,经常用到的一个招数是:把竞争对手的产品和你的产品进行比较,其实,客户有两个目的,一是价格上的优惠,二是希望销售员可以有一个令他满意的解释来消除自己的疑虑,而很多时候,一些销售员会悲观地认为:客户更加倾向于竞争对手的产品。其实,这种想法是不必要的。

当客户用别人的优势来表达自己的反对意见时,你就要根据自己所掌握的产品知识和同行业相关知识,了解客户的心理需求和对商品的信息掌握程度,并在此基础上向客户罗列出你所销售的商品优势在哪里,引导客户改变关注点。特别是对于那些竞争对手所没有的独特优势,销售员就更需要重点说明。这样让客户认识到你所售产品的独特优势,不仅有利于化解客户的反对意见,也能够进一步地吸引客户,进而增加成功的机会。

有人说过,没有推销不出去的产品,只有推销不出去产品的销售员。对于客户所提出的种种质疑,销售员需要保持冷静平和的心态,然后真正了解客户需求,并拿出正确解决问题的办法,才是销售员最需要做的。用何种方式回应客户的各种质疑,用什么样的态度解答客户提出的问题,才是销售能否取得成功的关键。只要能从客户的反对意见出发,利用正确的解决方法向前迈进,就能取得销售的成功。

固执型客户:找到其固执点

从事销售行业,总是会接触到各种各样性格的人,其中有这样一类客户:在购买商品时,有绝对"理智"的态度,然后这种"理智"却给销售员的工作带来障碍,不论销售员如何解释,其总是保持自己的固有观点,销售员做再多的努力对他们来讲也是徒劳。对于这样的客户,不少销售员都会感到头疼,毕竟说服一个固执己见的客户点头购买商品,相对普通顾客来说会更难些。但是尽管如此,那些优秀的销售员还是能够对其轻松应对,让固执型的客户最终成为买家。

固执的人很少能够听进别人的解释与劝告,这就决定了销售员遇到此类客户时的主要任务就是让客户听进劝告,使其改变固有的想法。只要能削弱客户的固执观点,那么销售就很可能取得成功。因为一旦客户的固执观点有所动摇,也就证明了其已经开始接受销售员的意见和观点了。

销售情景:

一位孕妇挺着大肚子走进一家孕婴生活馆,在货架前左看右看,最后在维生素专卖区停了下来,并拿起一瓶仔细地看着。这时,销售员小丽迎了上去。

销售员:"您好小姐,请问您想选择哪一类商品呢?"

客户:"这里的维生素都是孕妇可以吃的吗?"

销售员："是的，小姐。我们这里是孕婴生活馆，一切商品对孕妇和胎儿都是没有任何危害的。"

客户："嗯，我就是担心怕对婴儿有害。"

销售员："这里的产品都是经过高科技提取的纯植物型产品，不含有害物质，请问你是需要什么类型的维生素呢？我们会针对您的需要帮助您。"

客户："我也不知道，怀了宝宝后，感觉头发有点儿脱落，脸色也不好。"

销售员："哦，那您还是选择维生素E吧，它有生发、改善肤色的好处。"

客户："嗯，医生也这么说。可是你这里的产品真的是无害的吗？"

销售员："是的，这些都是纯植物产品，完全适合您。"

客户："嗯，应该行吧。对了，你这里有适合孕妇的防晒霜吗？医生说在吃了维生素后，还要尽量避免紫外线的照射。"

销售员："有啊，您旁边那个货架上的都是适合孕妇使用的防晒霜，都是纯植物提炼的。"

客户："但是我的皮肤容易过敏，曾经用过植物类型的防晒霜也不行。"

销售员："您是如何使用防晒霜的呢？"

客户："就是洗干净脸之后涂上啊。"

销售员："我想您可能是使用方法不够正确。正确涂抹防晒霜应该是这样的：首先要先涂一层爽肤水，然后涂一层薄薄的乳液，最后才涂防晒霜。一般防晒霜和隔离霜都需要事先涂一层乳液来保护肌肤。"

客户："但是我身边的人几乎都是直接涂防晒霜的啊。"

销售员："因为他们没有您的皮肤这样敏感，所以您在涂抹的时候就更需要注意使用方法啊。"

客户："可是我知道我的过敏很严重，可能不是使用方法的问题。我只想找一款用起来比较安心的产品。"

销售员："这是××护肤专家编写的美容秘籍，相信您对她并不陌生。您可以看一下这段美容知识介绍，这里详细介绍了关于使用防晒用品的正确方法。"

客户:“哦,那可能是我的使用方法不太正确。”

销售员:“是的。您的过敏问题很大程度都是因为使用方法不正确导致的。只要您按正确的方法和步骤涂抹防晒霜,一般都是不会过敏的。对了,因为您是怀孕期,您在使用所有产品的时候,都必须注意,我们这里的防晒霜还有配套的乳液和爽肤水,我建议您还是都用无害、无刺激的吧。”

客户:“哦,是吗? 那好。这款乳液和防晒霜、爽肤水各拿一瓶吧。”

分析:

情景中的客户在购买维生素的时候,总担心是不是有害,当然,因为客户是孕妇,这很正常。在挑选防晒霜的时候,也总是担心会过敏,总之这名顾客是比较固执的,但销售员小丽自有一套,她抓住客户害怕产品对婴儿有害这一点,不仅成功地推销了维生素和防晒霜,还顺便推销出去了爽肤水和乳液。其实,销售员销售的过程其实就是个征服客户心理的过程。客户固执也并不是没有原因的,情景中的销售员就是把握住了客户的固执点,并能够深入解决,从而取得了销售的成功。

而销售中,很多销售员面对这样的客户,难免会在心里感到不耐烦,因此也就很难掌握客户的真实需求。这样一来不仅无法说服客户的固执观点,还可能因为对客户态度不够尊重而失去客户。的确,面对固执型的客户,销售员需要保持足够的耐心,并要善于分析和观察客户,寻找到客户固执的本质原因,并不失时机地想办法说服客户。一旦消除了客户的固执点,那么销售就已经成功一半了。

在具体销售过程中,要想说服客户,并让客户最终成为购买者,就需要销售员做到以下几点:

1. 寻找客户固执的原因

客户固执己见,肯定是有自己的原因,销售员要做的就是找出客户固执的原因,而不是因为客户的固执而放弃销售。

当真正发现客户固执的原因之后,销售就已经向成功走近了一步了。

因为不论任何问题，只要找到原因，就有解决的机会。何况对于多数销售员来说，说服客户都是自己的强项。

2. 用事实说话，让客户看到效果

固执型客户最大的缺点就是听不进去劝，这是销售员最头疼的地方。有些时候，当销售员在对固执的客户进行了一番劝解之后，却仍然不见任何成效，一些销售员这时候就选择了放弃，然而放弃就等于失去销售机会。而且，说服固执型客户也并不是不可能的事情。对销售员来讲，想要说服过于固执的客户固然不太容易，但是通过一定的方法，在很多时候，做到说服客户还是可以实现的。

有时候，固执型客户不愿听销售员的意见，是因为他内心已经有既定的意见，这时候，如果销售员还站在原来的销售模式上不肯下来的话，恐怕就会流失客户，这很难让客户信服，这时采取用事实说话的方式就再合适不过了。特别是通过借用一些权威人士的观点，或者是将既成事实摆在客户面前，让客户脱离简单的销售对话，使其从客观上充分地认识问题，那么客户固执己见的观点就很可能动摇，毕竟专家和事实更具有说服力。

3. 不要否定你的客户

在销售中，最忌讳的就是销售员和客户唱反调、否定客户，这很容易引起客户的反感，尤其对于那些固执型客户。固执型客户所持有的观点可能并不完全正确，甚至是一面之词，但销售员还是要从这些语言中识别出有价值的一面，然后对客户加以肯定。因为对于销售员给予的赞同和肯定，任何一个客户都是愿意接受的。

在给予客户肯定时，销售员只要发现客户观点有正确的一面，就要及时地给予肯定，因为即便是再微小的肯定，对促进与客户之间的良好关系都能起到一定的作用。善于通过谈话处理好自己与客户之间的关系，就能增加销售成功的概率。这就需要销售员具有良好的分析和观察能力，并且始终保持良好的态度，对客户做到时刻尊重。

沉默寡言型客户:注意观察和引导

有些人说,最难的就是和沉默寡言型的人打交道,在销售过程中亦是如此,因为这些人性格内敛,不善言谈,销售员很难从交谈中获知客户的信息,无论对商品是否满意,他们总是习惯保留自己的意见,表面上看,和这样的客户打交道,销售员更容易掌握交谈的主动权,实则销售员更像是在唱独角戏。

但是不管多么不善言谈的顾客,不管客户怎么保留自己的意见,优秀的销售员总是能找到突破口,挖掘出有利于销售的信息。销售员想要让寡言的顾客开口,并且说出自己的需求,那么销售员不仅需要掌握专业知识,还需要具备良好的沟通技巧。只有从寡言的顾客那里得到足够的有效信息,才能最终获得销售的成功。

销售情景:

一位衣着朴素的老年人走进一家工艺品商店,老人的年纪大概有七十来岁,他在一个漂亮的音乐盒面前停了下来,看了又看。

销售员:“老爷爷,你想买点什么啊?”

客户:“……”

销售员:“您是喜欢这个音乐盒吗?”

客户:“嗯,喜欢。”

销售员:“喜欢就买回去吧。”

客户:“……”(走到另一个工艺品面前驻足)

销售员:“这个也很漂亮。你想选一个礼物对吗?”

客户:“嗯……”

销售员:“想送给谁呢?”

客户:“想送给老伴儿,明天是我们结婚五十周年纪念日。”

销售员:“是吗?您老伴儿真是幸福,有这么贴心的丈夫,真是让人羡慕。你刚才看的那个八音盒就很适合啊。你看,它打开之后是爱神丘比特。如果你送给老伴儿,她一定非常喜欢。而且我还可以免费给你做一个漂亮的包装,你看好吗?”

客户:“真的适合吗?”

销售员:“这里你还有更加喜欢的是吗?没关系,你选择任何一个都可以免费给你做漂亮的包装。”

客户:“我还是喜欢那个音乐盒。”

销售员:“我也看它最合适了,那么我们就把它打包装好吗?”

客户:“嗯。”

分析:

情景中的老年人是比较沉默的,想给老伴儿买礼物,但可能由于性格关系,不怎么爱说话。但销售员依然将产品卖出去了。销售员之所以能做到,是由于他具备良好的观察能力和思考能力,抓住了老年人的购买心理。

在销售中,销售员一定要善于观察,不要放过任何一个可以推销的机会。但在销售中,由于客户本身性格的原因,很多销售员更愿意与那些能言善辩者交谈,但实际上,这些人只不过是侃侃而已,并不一定有购买之意。销售员有时候判断客户有无购买意向和购买能力等,并不一定要通过语言来获知,结合顾客的言谈举止,通过其穿着、行为、目光等亦可判断其大致的购买意向和购买能力等,销售员只要能够发觉顾客的关注点,并展开话题,就能够制造销售机会,进而获得销售成功。

与寡言型的顾客交流时,因为客户不善言谈,不能很好地与销售员进行沟通,也就不能反馈销售员所要的信息,而这也成为阻碍销售成功的一道障碍。只要销售员能尽可能多地从顾客那里获得相关信息,就更容易掌握顾客的心理需求,也就更容易制造销售机会,从而获得销售成功。

那么,想要从寡言型顾客那里获得足够的信息,销售员应该如何做呢?

1. 善于察言观色

一个人如果不善于通过语言来表达心理变化,那么,他一般更善于通过动作、表情、眼神来表现,并且在那些惜字如金的话语中,往往包含着一些有关其心理的重要信息。因此,寡言的人有着更为丰富的语言形式,其所表达的核心语言的数量,其实并不逊色于那些善于言谈的人。

面对那些沉默寡言的客户,恐怕销售员要更费神。销售员不仅嘴上要会说,还要会看、会听、会想,要有足够的耐心、信心、决心拿下这样的客户,要善于通过客户的举止、言谈甚至是一个眼神来捕捉客户的心理,并加以分析,掌握客户的购买心理,知己知彼百战百胜,掌握客户的心理动态,也就掌握了成功销售的砝码。

其实,无论对于什么样的客户,销售员都要学会察言观色,只有善于观察,你才更容易发掘其关注点,而只有从其关注点出发,你才有可能与顾客进行下一步的沟通。所以如果你善于察言观色,也就更容易抓住寡言型顾客的心理。

2. 让客户开口说话

天性不善言谈的人,一般只跟自己熟知的人交谈,以此来获得安全感,而在面对生疏的人时往往很难打开“话匣子”,在购买商品时也不例外。再优秀、聪明的销售员在与客户沟通的时候,只凭举止、眼神、表情等方面获取其购买商品的相关信息,往往还是不够直观,甚至会得出错误的分析结果,出现判断错误的尴尬。所以,销售员不仅要善于观察,还要善于调动客户,帮客户打开“话匣子”,让客户主动开口说话。

当然,让沉默的客户主动开口说话,与销售员沟通,这并不是易事,需要销售员下足工夫。首先,需要销售员具备良好的沟通能力,这种沟通能力不仅仅是语言上的善谈,更重要的是能够准确地切入顾客的话语当中,从而引导顾客购买商品。其次,销售员一定要找出客户的关注点,也就是客户最关心的问题,一般来讲,销售员想要切入寡言者的言谈中,就需要从其关注点入手，这样更能引起客户的兴趣和调动客户的积极性。再次，语言真挚、诚恳。沉默的客户一般比较内向，也不喜欢与嬉笑怒骂的销售员交谈，在交谈中，销售员要让客户感觉到你的真诚，赢得他的好感，成为他的熟人，就打开“话匣子”了。一旦增加了与顾客的语言交流，你就会从其身上发现与你的销售相关的更多有效信息，如此一来，想要获得销售成功也就更容易了。

3. 努力营造适合顾客的谈话氛围

销售员并不是在任何时候都要表现自己的口才，与沉默寡言的客户交谈时，就是如此。俗话说：人以类聚，物以群分。那些不善于言谈的人，更喜欢与一些性格相似的人展开对话。对于不善言谈的顾客，销售员就要学会适当地适应他们的谈话方式，不要用销售员惯有的善谈破坏顾客的谈话氛围。比如，顾客在选购商品时，销售员最好不要滔滔不绝地做介绍，而是要结合观察顾客的身体语言和简单的话语，有针对性地为其介绍产品。

用适合客户的谈话方式与其交谈，客户往往更愿意表达出自己的内心需求和想法，而销售员也就更容易寻找到顾客的关注方向以及关注点，从而销售成功的机会也就会大大增加。

冷漠型客户：感性关注点是突破口

销售中，我们可以看到这样一类客户，无论销售员说什么，他似乎总是把自己和销售员隔离开来，对销售员的热情视而不见，无论何时总是保持沉默，让销售员找不到交谈的突破口，更别说销售机会，于是，很多销售员选择放弃这一类客户。

但实际上，销售员要明白，没有卖不出去的产品，只有卖不出去产品的销售员。曾被称为“全美最出色的推销员”的乔·吉拉德曾经在与一位客户保持了三年多的联系之后才获得订单，而这位最初对乔·吉拉德异常冷漠的客户竟然最终为他带来了三十多位客户。不少优秀的销售员恰恰就是从那些态度冷漠的客户那里获得销售机会的。顾客的冷漠挑战的是销售员的勇气和能力,这是毋庸置疑的,同样,顾客的冷漠并不代表销售的终结,只要销售员寻找技巧,激起客户的兴趣和谈话热情,那么,销售就可能获得成功。

销售情景:

朱先生是一家学习机公司的销售人员,一天,他被连续三次拒绝之后,终于上门拜访到了这位客户——某家大公司的蔡经理。在此之前,朱先生对蔡经理进行了一定程度的侧面了解,经过调查发现,蔡经理很疼他的儿子,希望儿子以后可以考上北京的名牌大学。而此次拜访,朱先生也准备重点向蔡先生介绍一款学习机。在一番寒暄之后,朱先生开始介绍公司的产品。但是蔡经理却始终回应冷淡。于是,朱先生开始根据自己掌握的情况切入蔡经理的关注点。

销售员:"听说令郎还有十几天就要过12岁生日了,是吗?现在的孩子是越来越聪明,但也是和家长的教育有很大关系。像您这么忙,还要关注孩子的学习,真是很难得。"

客户:"的确是,我儿子的成绩一直很好,大家还说他以后会比我有出息呢,就希望他考个好大学,但有时候太忙,真是力不从心啊。"

销售员:"其实现在很多家长都是这种情况,没有时间辅导孩子学习,有些可能还耽误了孩子的学习,不过这也是没办法,大人也很忙啊。"

客户:"谁说不是?我就周末有点儿时间,可是他又想玩,说请家教吧,总不放心,没有称心的……唉,真是愁坏了我。"

销售员:"其实我们的产品对您的儿子正合适。我们公司有一款专门为十几岁的孩子设计的学习机,首先它包括了新华词典的词汇量,孩子不用费神查字典了,牛津词典也囊括了。另外,它就是一个家庭教师,孩子不懂的问题,上面都有详细的回答,您担心家庭教师授课有所保留,可不用担心它。

还有，历年各大名校的试卷里面都有，您也不用费时间跑书店给孩子买资料了。总之，这款学习机真的很适合您的孩子，而且，现在还在做活动，买学习机还送书包呢。”

客户：“是吗？有这么好，我怎么没听说过这样的产品上市呢？”

销售员：“上市已经有一段时间了，我们公司拿到了它的独家专卖权，因为是公司成立20周年才有这样的优惠活动，过了这个月，就没有礼品送了。您时间赶得好啊。我相信您孩子一定会非常开心，而且到目前为止，只剩下两台了，很快就没有货了。如果您没有及时购买，不仅仅是您，您的孩子也会感到遗憾的。”

客户：“好的，我立刻购买，您赶紧把它送过来，我想等孩子生日那天给他一个惊喜。”

分析：

情景中的蔡先生就是冷漠型的客户，但这并没有难倒销售员朱先生，他找到了客户的软肋——疼儿子，并且，朱先生在此大做文章，终于打动了客户，完成了销售任务。

很明显，无论客户属于什么性格的人，在购买商品的时候，都有自己的关注点，也就是关心的问题。对于冷漠型的客户，如果销售员没有找到他的关注点，可能他就会保持他一贯的冷漠，一点儿谈话的热情都没有。这时，销售员推销的难度就会增大，甚至导致客户的流失。因此，找出冷漠型客户的关注点显得尤为重要。客户态度的冷漠并不代表销售过程的终结，因为这恰恰是一个开始。销售员只要能调动客户的谈话热情，就可能创造出很大的销售机会。所以面对冷漠型的客户，销售员首先要做的不是推销产品，而是调动客户的谈话热情。

那么，在实际销售过程中，想要激发起冷漠型客户的谈话热情，销售员就需要做好以下几点：

1. 了解顾客的关注点

正如情景中一样，其实，每个人都有自己所关心、关注的问题，即使冷漠的人也是如此。不能了解这类客户的内心，销售就无从谈起。因此，在与客户进行谈话之前，销售员首先要对客户做一定的了解，特别是那些客户比较关注、比较在意的方面，更要多加了解。因为客户的内心一旦被激发，谈话氛围也就热烈得多。

需要注意的是，销售员在寻找客户关注点的时候，一定不要忘了自己的目的所在，整个过程都要有利于成交。也就是说，不管客户的关注点涉及哪些方面，销售员都要尽量找到与自己销售工作有关的。例如，化妆品推销员在推销化妆品的时候，可以通过客户的朋友、同事等了解客户的购买习惯。总之，只要能抓住那些与销售相关的客户关注点，销售员就有了展开下一步的方向。

2. 激发客户的热情

这一步是要在了解客户关注点后实行的。攻人攻心，正如卡耐基说："打动人心的最佳方式，是跟他谈论他最珍贵的事物。"与冷漠型的客户交谈，销售员切不可心急，不要刚开始就谈论产品，当找出客户的关注点后，围绕关注点展开话题，更能激发客户的热情，慢慢地可以把话题引入到销售中，这样做更自然，也不会引起客户的反感。当然，销售员将谈话焦点切入到其感兴趣的话题当中的这一过程，必须要销售员具备良好的沟通能力。

但销售员要注意的是，销售员提及的客户关注点必须是与自己当下销售相关的。毕竟将客户从兴趣上引入到实际的销售工作中来，才是销售员最终需要达到的目的。

3. 始终保持诚恳的态度

无论哪行哪业，诚恳待人是一个人走向成功的必要途径，同时也是销售员获取销售成功的法宝。无论遇到的客户多么冷漠，保持始终如一的诚恳态度，是每一个销售员都应该做到的。

在与冷漠型客户交谈时，销售员要始终保持语言、神情和目光的真诚，不管客户是否真正地去注意。当你从始至终地与其真诚交谈后，你就一定能在客户的心里留下好的印象，不论谈话是否取得实质性的改变，对你以后的销售工作都会有所帮助。

总之,当在销售中遇到那些一言不发、甚至没有任何表情的冷漠型顾客时,销售员就要特别注重与客户的沟通,想办法借助提问或者拉近心理关系的方式,将客户引导到沟通活动中去,做到充分了解客户。一旦客户被激发起了谈话的热情,愿意参与到谈话中来,那么销售员要展开销售工作就比较容易了。

事事皆通型客户:表现得客户更专业

虽说销售员对客户应该以诚相待,但很多时候,销售员更害怕遇到对整个销售过程事事皆通的客户,在这类客户面前,销售员由于过于透明而容易手足无措。在购买商品的过程中,这样的客户往往有着更加清晰的思路,对销售员的话会作更为理智的思考和回应,回应销售员的提问也往往更为犀利,令人难以回答。

因此,如果要让事事皆通型的客户成为最终的消费者,作为销售员就需要具备更高的素质和专业知识水平。只有对客户的提问做到对答如流,自如应付与其沟通中的每一个细节,销售员才有机会获得销售的成功。

销售情景:

陈媛是一家品牌皮具的销售员,一天,店里来了一位男顾客,这位顾客看了看皮带,似乎都没有要买的意思,于是陈媛热情地迎了上去。

销售员:“您好,先生,来选购皮带吗?我们是国际品牌专柜,以您的气质来说这里的皮带比较适合。”

客户:“是吗?国际品牌?”

销售员:“对,我们的皮具是意大利品牌,在款式和材料上都走欧美风。”

客户:“什么国际品牌?你们只是挂了一个意大利的牌子而已。”

销售员:“那我就不清楚了,我们确实是意大利品牌,从意大利进口的成品。”

客户:“是吗?”

销售员:“您随便看一下就知道,你看看这条皮带,它的做工绝对非常好。而且我们现在卖场中的部分皮具,比如皮鞋,正在6折销售。这边的皮风衣都是参加折扣活动的。看那款褐色的皮鞋其实就非常适合您。至于您看上的这条皮带,它有个好处就是,无论您配什么衣服,都会搭配得很好,因为它的颜色很中和,不信你可以试一下,来体验一下实际效果。”

客户:“嗯,我随便看看。你们没有赠品吗?别家的都打6折,还会有不少的赠品。”

销售员:“是的。不过赠品不重要,关键是皮带的质量好不好。没有赠品我们也没有办法。”

客户:“那你们这样也太缺乏竞争力了。就这方面其他的店明显比你们要好很多。”

销售员:“您又不是来买赠品的。”

客户转身离开。

分析:

情境中销售员的失误就在于没有及时处理客户提出的各种问题,在客户提出问题的时候,表现出了不耐烦的情绪。在销售过程中,事事皆通的顾客有一个特点,那就是说话尖锐、犀利。对于自己所了解的,一般都会单刀直入地挑明问题,经常会让销售员措手不及。对于这样的客户,销售员首先就要做到了解乃至熟知产品的相关知识,另外,还必须机智、灵活变通,因为如果销售员没有对产品作深入了解,就不能给予顾客足够的关注度和有关问题根本性的解答,因此也就难以抓住顾客。在实际销售中,常有一些销售员忽略了这一点。其实,销售员想要自如应付事事皆通的客户,首先就需要对所售产品事事皆通，不论是相关事宜还是同行业的现状、知识等，都要做到了如指掌。对顾客的提问做到对答如流，销售才有机会取得成功。

那么在面对事事皆通型的顾客时，销售员都应该怎样做呢？

1. 对产品透彻地了解

其实，无论什么样的客户，都希望给自己推销产品的销售员是个业内的精英，自己购买的产品也有一定的保障，因此，在购买产品的时候，也有获知产品更多知识的需求，所以销售员要了解所售产品的相关知识，以便给予客户更好的服务。而对于那些事事皆通型的顾客，销售员则更要注重对商品的了解，因为一旦销售员在与客户谈话中出现错误，首先遭遇尴尬的就是销售员自己，而销售过程也难免会受到一定的影响。

实际销售中，很多销售员遇到事事皆通型的客户，不找自身的原因，总是认为客户太刁钻，或是声称公司没有给自己做过相关的专业培训。然而对于真正的销售来讲，任何的埋怨都是借口，销售员对自我知识的积累是每时每刻都需要做的。只有不断积累所售产品的相关知识，销售员才能更好地服务客户，了解足够的知识更有助于销售过程的顺利进行。

2. 要做产品专家

每个销售员都应该是自己所销售产品乃至公司所有产品的专家，因为顾客即便了解再多，也很难了解到所要购买商品的方方面面。这就需要销售员针对商品给予顾客足够的介绍，那些事事皆通的客户对这方面的需求更是严格，销售员必须对产品的很多特征做一些基本的了解才足以应付客户。

因此，销售员要对本公司产品的基本特征做到深入了解，而这也是作为一名销售员需要具备的基本素质。关于产品的基本特征，销售员需要做到以下方面的了解：

（1）品牌价值。品牌价值是顾客在购物时越来越关注的方面之一，顾客往往更青睐于具有影响力的产品。

（2）产品名称。产品名称往往有着特殊含义，其中大都包含着产品的基本特征或是相关优势。

(3)产品技术含量。产品的技术含量是指产品所采用的技术特征,其中还包含着一些相关的技术原理。

(4)产品物理特征。产品的材质、颜色、包装、型号规格等。

(5)性价比。产品的性价比已经成为客户判断产品好坏的重要方式。

(6)产品优势。产品所具有的独特优势。

(7)服务。售后服务以及销售过程中的相关服务。

3. 善于避其锋芒、转移谈话焦点

一直把眼光盯在产品上,对产品评头论足是事事皆通型客户的重要特点,聪明的销售员则会避开客户提出的犀利问题而转移谈话的焦点。而这就需要销售员具有良好的沟通技巧,不要完全被顾客的问题所左右,而是多利用产品的优点,扬长避短,引导顾客形成对产品的新认识。

只要销售员把握谈话大局,能及时并且自然地转移顾客的谈话方向,就有可能规避沟通中可能要面临的诸多问题。销售员只有将那些不利于销售的问题点转移到有利于成交的方向上来,才有机会取得销售成功。

所以,面对事事皆通型的顾客,最考验的就是销售员专业知识和阅历的深浅。如果想要取得销售成功,销售员不仅需要具备更好的沟通能力,懂得如何应付顾客提出的质疑,而且还要对所售商品和同行业相关领域有一定的了解和认识,积累丰富的业内知识。如果销售员对顾客的提问总是模棱两可,甚至一无所知,那么失去销售机会也就是再自然不过的了。

性子急的客户:稳住情绪缓和气氛

销售员在销售的过程中会接触到不同性格的客户,当然,也有性格急躁、脾气火暴的客户,在与销售员谈或者售后服务的过程中,他们都希望快速解决问题,并且有一些不满或者意见就会大加指责,甚至很多时候还表现出不耐烦、不配合,对销售员横加指责等,总之,让整个销售的气氛很紧张,令销售员无所适从。毕竟脾气暴躁的人不易相处,想要处理好与这类顾客之间的关系,对一些销售员来讲会有一定的难度。

但销售员如果具备较高的沟通技巧,善于缓和气氛紧张的对话局面,懂得选择适当的方式来平息客户的怒气,即便是脾气再差的顾客,也能够应付自如。

销售情景:

张菲是一家商场电子产品专区的销售员,服务态度一直很好。

一天,一位先生气冲冲地找到张菲,说起了前一天在张菲这里购买的 MP3:

客户:"你昨天卖给我的是什么 MP3,根本就放不出声音嘛。你们卖的这是什么产品? 质量也太差了。"

销售员:"真是太抱歉了,本来买东西是一件很高兴的事情,没想到却给您的生活添了麻烦。真是对不起。请问产品哪里出现了问题? 我可以帮您解决。"(连忙放下手头的工作)

客户:"我下载了歌,可根本没有声音。"(态度稍有缓和)

销售员:"是吗? 那我们来现场操作一遍看看,和您一起找找原因。"

张菲让顾客在现场操作了一遍,结果他发现了问题,原来顾客的耳机根本没插好,自然听不到声音。

客户:"这,真是不好意思。"(一脸歉意)

销售员:"不,是我昨天没给您安装好,责任在我。如果您在使用过程中发现有什么不懂的地方或是什么问题,尽管来找我。"

第二天,这位顾客又来找张菲,不是为了别的,而是又买走了一个 MP3。

分析:

销售情景中,客户气急败坏地来质问销售员,而张菲并没有表现出不耐烦，而是慢慢的心平气和地帮助客户解决了问题，并且给客户留下了好印象，带来了新一轮的生意。从张菲的处理方法中，我们可以看出，面对性急的顾客，销售员一定要有足够的信心和耐心，这才能够稳住客户的情绪，从而引导客户心平气和地商谈。面对性急的客户，最忌讳的就是与客户对着干，在言语上冲撞他，对顾客出言不逊，图一时之快，只会让你流失掉生意。而且，一个销售员的态度，不仅体现的是个人的素质和修养，还代表的是产品和公司的形象。对于性急的客户，如果销售员不注意自己说话的语气和态度，就有可能“火上浇油”，让谈话气氛变得更加紧张，销售也就容易遭受失败，而且也会在一定程度上影响产品的品牌。无论面对什么客户，如果销售员不能营造良好的沟通氛围，都会对销售成绩造成影响。

那么，在销售过程中，如果遇到性急的顾客，销售员具体应该怎样来做呢？

1. 保持始终如一的耐心

耐心是销售员素质最好的表现，销售员始终要记住，卖出产品是最终目的，而目的的实现与否就看客户的情绪，只有保持始终如一的良好态度，才能稳住客户。柏拉图说：“耐心是一切聪明才智的基础。”在任何时候，保持足够的耐心总会给人们带来意想不到的好结果，在销售领域中，耐心的作用就更加重要。懂得在销售过程中始终保持耐心的销售员，也往往能获得更好的销售业绩，因为始终如一的耐心能够打动任何一位客户的心。

当顾客因为一些原因表现出情绪急躁时，作为销售员，千万不能自乱阵脚，甚至表现出不耐烦，而需要拿出自己良好的态度，耐心解决客户遇到的问题。不要总是将问题归结到顾客身上，即便是顾客的做法欠妥，作为销售员也要保持良好的个人素质，用始终如一的耐心打动顾客。

2. 不要吝啬道歉

其实，性急的客户一般口无遮拦，并没有什么坏心眼，他们常会因为一些小问题发脾气。作为销售员就要学会处理好顾客的情绪，适当地对顾客道歉就是一个好方法。有一句名言说：“当场承认自己的错误需要具有相当的勇气，给人一个好感胜过一千个理由。”道歉是化解两个人之间问题与矛盾最有效、最快捷的方法，即便一个人有再大的怒气与抱怨，当听到别人真诚的道歉时，情绪都会有所缓和。诚恳地道歉，会让客户看到销售员良好的素质，不仅能缓和客户的情绪，有利于销售的继续进行，还能给产品和公司树立一个好形象，总之，销售员学会道歉，于人于己都有利。

被誉为日本“推销之神”的保险推销员原一平曾经说：“赤裸裸地注视自己，毫无保留地彻底反省，然后才能认识自己。”在销售领域，“顾客就是上帝”，没有苛刻的客户，只有不够完善的服务。任何一个销售员想要提高销售成绩，都需要从自己的身上找原因。但有些销售员会认为：明明是顾客的原因，为什么还要我来道歉呢，太不公平了。然而作为一名销售员，职责是向顾客推销商品，而想要将商品推销给顾客，销售员首先就要推销自己，没有给予客户一个好的个人印象，那么如何推销产品呢？

所以，无论是被客户误会，还是你的介绍不周到，不管责任在谁，作为销售员，你都要首先向客户表示歉意，这样不仅能够很快平息客户的怒气，也有利于与客户长期建立良好关系。

爱争论的客户：始终营造良好的沟通氛围

有人认为，客户和销售员之间的利益是相对的，销售员赚的是客户的钱，于是，有些客户就在销售过程中，有意和无意地把销售员放在自己的对立面。无论自己是否有道理，这些顾客都习惯于把错误归结到销售员身上，即便是一些很微不足道的事情，他们也要拿出来争论。面对这样的顾客，常会有一些销售员感到不知所措，不知如何处理，因此也难免会造成客户流失。

对于这类爱争论的顾客，有时候销售员的确很无奈，因为很多时候并不是销售员的错，这类客户一般什么事情都会在销售员身上找问题，并且芝麻大小的事情都要和销售员理论一番。这些无不让销售员头疼甚至有抱怨情绪，但是，作为一名销售员，你要明白，你的根本目的是卖出产品，谁对谁错并无真正的意义，只要你卖出你的产品，才是真正的赢家。而如果你为了逞一时之气，与客户争出个胜负，让怒气之下的客户掉头就走，损失了生意，无法完成销售任务，不如愿的还是自己。毕竟，销售员要明白，在销售领域中有这样一句话：客户是上帝，客户永远是对的。我们的销售业绩直接跟客户的情绪挂钩。只有处理好和客户的关系，把我们的销售业绩提升上去，才是销售员的根本职责所在。

销售情景：

一家大型的鞋城正在进行销售酬宾活动，因为价格便宜，很多顾客都正想购买，销售员露露在货架前招呼生意。一位顾客在她身边挑选鞋子。

客户："这两双多少钱？"

销售员："全部打3折。凉鞋折后50元，这双帆布鞋折后45元。"

客户："真是便宜啊，这两双都要了。"

销售员："好，我帮您包起来。不过这些特价鞋子售出之后都是不可以退货和调换的。"

客户："知道了。"

过了一个小时之后，那名顾客气冲冲地找露露要求调换那双帆布鞋。

客户："这鞋带上有锈迹，你叫我怎么穿？给我换一双，要不然就给我退货！"

销售员："对不起，小姐。请您不要着急。您看我们的品牌很少会有降价活动的，正是因为这些鞋子有一些无关紧要的小问题，所以我们才做了这次降价处理。虽然参与酬宾活动的鞋子多多少少有一些小的问题，但是绝对不会影响穿着的。"

客户:“在家里穿还行,可是这白帆布鞋的鞋带上染了锈迹,叫我怎么穿出去啊?”

销售员:“您放心,鞋子的质量绝对是可以保证您的,只要您换双鞋带就完全可以和我们的正价鞋子媲美了。花3折的价钱买到这样一双鞋,真的可以说是物超所值啊。”

客户:“但是你也没有告诉我啊,如果是那样我就不买了。”

销售员:“其实这双鞋真的很舒适,和你这身休闲的衣服也很搭配,我也看出来您很喜欢。如果您仅仅因为一双鞋带就损失一双适合自己的鞋子,那就太不划算了。您说是吗?我从店里给您找一下,这种白色的鞋带应该还有很多。您看这样好吗?”

客户:“也是。好吧,那就这样吧。”

分析:

情景中的客户虽然是气冲冲地来找销售员,但她出现的问题并不难解决,如果是商品质量问题,销售员恐怕就会理亏甚至不知如何是好,但客户提出的仅仅是细节上一些无关紧要的问题,这名客户也并不难缠,在销售员提出解决方案以后,也欣然答应了。的确,那些爱争论的客户,一般不会刻意刁难销售员,他们提出的问题一般都不难解决,只要销售员注意服务态度,细心地为之解决,并始终注意维护良好的销售氛围,那么很多问题都可以迎刃而解了。

那些爱争论的顾客,比较注重细节上的一些问题,其实,这种心理谁都有,谁都希望自己购买的产品趋于完美,但这类客户则喜欢把目光集中在一些小问题上,并抓住这些小问题不放。此时,可能一些销售员就会拘泥于一些原则性问题,比如,一些特价商品不参与抽奖活动,也不能退换等,其实,如果为了遵守原则和顾客一样斤斤计较,说出比顾客还要犀利的语言,那么结果只能是激化矛盾。销售员要懂得变通,因为销售不是争论,而是洽谈,不懂得营造好的销售氛围,是销售员丢失客户的一大原因。

那么,在销售过程中,面对爱争论的顾客,销售员具体都应该如何去做呢?

1.善用幽默

每一个人都喜欢和幽默风趣的人打交道,而不愿和一个死气沉沉的人待在一起,所以一个幽默的销售人员更容易得到大家的认可。

对于那些爱争论型的客户,由于他们提出的问题很刁钻,以至于销售员无从下手,也使得销售氛围很凝重,这时,销售员不妨用幽默的语言来缓解一下。美国心理学家赫布·特鲁说:"幽默可以润滑人际关系,消除紧张,减轻人生压力,使生活更有乐趣。"幽默是一个人内心智慧的表现,它如同一首美妙动听的歌,给生活带来无限的多姿多彩,它可以化解紧张的人际关系,让人与人之间充满和气,从而和睦相处。在销售中,幽默可以说是销售成功的金钥匙,它具有很强的感染力和吸引力,能迅速打开顾客的心灵之门,让顾客在会心一笑后,对你、对商品或服务产生好感,从而诱发购买动机,促成交易迅速达成。所以,一个具有语言魅力的人对于客户的吸引力简直是不能想象的。

要知道,你可能拒绝别人的产品,但不会拒绝别人给你带来快乐,尤其不会拒绝会心的一笑。所以销售员要在销售过程中学会幽默,这也是一个优秀销售员需要具备的素质和能力。当客户为了无关紧要的小事与你争论时,你的一句幽默也许就能让一切不愉快烟消云散。然而这些都必须要求销售员成为一名幽默高手,想要成为一名幽默高手,销售员就需要注意以下一些问题:

(1)自嘲。真正会自嘲的人其实是智慧的人,因为自嘲不仅要做到不贬低自己,还要无形中抬高对方,这的确需要一种能力。

(2)逆转。有时候,僵局的出现就是由于客户和销售员都不懂得转换另外一种思维。善于运用与一般思维方式背道而驰的想法去想象,就可能制造出经典的幽默。

2. 给客户说话的机会

这类客户都希望别人可以倾听自己的想法,当然,每个人都有这种需求。虽然人们大都不愿倾听这种滔滔不绝的话语,但是在销售过程中,那些爱争论的客户对于倾听的要求更为强烈,可以说,他们是情绪化的人,只要给他们一定的时间,让他们把内心的一些不快吐露出来,他们的情绪就可以在很大程度上消除,客户的心理得到了满足,销售员再与客户沟通起来效果就会好得多,销售工作也会进一步取得实质性的进展,获得销售成功的机会也就会大大增加。

3. 间接、婉转的否定

其实,在销售的过程中,无论销售员遇到了什么样难缠的客户,销售员都要保持一个良好的态度,这是一个销售员的基本素质,也是化解一切争论的前提。当销售员遇到爱争论的客户时,这一点就显得尤为重要。的确,这些客户经常会为了一些可有可无的事情与销售员争论不休,但即便是客户的错,销售员也不应该直接反驳客户,而是应该保持基本的礼貌。但这并不意味着销售员要一味地顺从客户,此时,销售员不妨用婉转或者采用先肯定后否定的方式,例如,当客户对你的服务或是产品产生误解时,你可以说:"您说的没错,不过……"这样一来,既表达了自己的意思,又维护了相对良好的销售氛围。最重要的是,没有和客户产生语言上的冲突。

总之,与客户沟通,营造良好的销售氛围是非常重要的,对于那些爱争论的顾客,销售员就更要注意保持良好的销售氛围。在此基础之上,销售员还需要想方设法解决客户提出的疑义,因为这才是解决问题的根本,只有消除了客户的疑义,销售工作才能顺利进行。

第八章

促成交易：让客户快速作出成交决策

销售最终的目的是成交，这和销售员的销售业绩直接挂钩。成交是销售的最后一道关卡，这个阶段事关销售成败，销售员的知识和能力远比有形的产品更重要。聪明的销售员能够将产品卖给客户，并且以双方满意的价格成交，这就要靠自己的头脑。所以，做一个销售场上的有心人，掌握更多的成交技巧，通过自己的知识、经验和创意，挖掘出更多能够直抵客户内心深处的成功方法，只要做到这些，无论你手中有什么产品都不愁卖不出去，正如有人说的，没有卖不出去的产品，只有卖不出去产品的销售员！

注意观察，抓住时机随时达成交易

作为一名销售员，拥有良好的沟通能力是必要的，同时也要具备一定的观察能力。许多销售谈判最终失败并不是因为销售员没能有效地说服客户，很多时候，客户已经做好了购买的决定，可是销售员却没能及时发现他们发出的这些成交信号，结果大好的成交机会就这样被轻易地错过了。

出于各种原因，一般情况下，客户在产生购买意向的时候，都会有一些疑虑，有些客户甚至迟迟不做决定，对此，销售员一定要善于观察，注意客户的反应，促成交易，避免客户的流失。

销售情景：

李婉是一名网页推广员，在一次与客户进行销售谈判的过程中，刚开始她发现那位客户一直紧锁着眉头，而且还时不时地针对产品的质量和服务提出一些反对意见。但对客户提出的问题她都一一给予了耐心、细致的回答，同时她还针对市场上同类产品的一些不足强调了她所在公司竞价排名的竞争优势，尤其是针对客户比较关心的售后服务方面强调了自己所在公司的客服上一季度还获得了所在区域代理商前三名的优异成绩。在她向客户一一说明这些情况的时候，她发现客户对她的推荐不再是一副漠不关心的模样，他的眼睛似乎在闪闪发亮，这时，李婉知道她的介绍说到了客户的心坎儿上，于是她便乘机递上了合同，走到旁边，果然，客户拿起笔签了字。

分析：

情景中，销售员李婉之所以能顺利销售并成交，主要是因为她善于观察客户，从客户的表情中识别出了成交信号。的确，生活中，每个人的性格不一,对于是否购买的问题,也并不是所有人都用语言来表达。此时,作为销售员就应该具备敏锐的观察力,从客户的表情中识别客户的真实想法。

那么,作为销售员应该如何识别和把握客户的成交信号呢?

1. 从客户表情中识别成交信号

一个人的面部表情可以在某种程度上透露一个人的内心欲望,客户的面部表情同样可以透露其内心的成交欲望,销售员在与客户沟通时,除了要观察客户的行为动作,更要注意客户的细微表情,这些表情有时候也隐藏着客户产生购买意向的信号。那么客户通常都是如何通过面部表情来表现成交信号的呢?

(1)客户紧皱的眉头逐渐舒展。

(2)当客户表现出兴奋的表情,如眼睛发亮、嘴角微微上翘。

(3)当客户关注产品本身或是关注销售员的产品说明。

在销售时,销售员一旦发现客户有以上的表情,就要及时作出回应,抓住机会进一步拉近与客户之间的关系,例如,借机向客户询问需要订购多少产品,希望使用何种方式购买等,从而更快地实现成交。

2. 从客户行为中识别成交信号

除了面部表情,客户还常常会在举止之间透露出成交信号,所以销售员在销售时还要特别注意客户的行为举止。有时,一些客户会为了压低价格而故意提出反对的异议,销售员通过辨别其行为,就能较为准确地判断出客户的购买动向。通常情况下,客户通过行为表现出的成交信号主要有以下几种:

(1)对产品表示欣赏并不断抚摸。

(2)让自己的朋友或者亲人一起体验产品。

(3)对产品说明书或是宣传册仔细翻阅观看。

(4)对销售员的话很感兴趣或是表示赞同。

(5)在谈判过程中表现出轻松满意的样子。

当发现客户在谈判中表现出以上某些方面的行为时,销售员就要根据具体情况做出适当的回应,然后让客户进一步了解产品,进一步增加客户的购买欲望，从而实现成交。

3. 从客户语言中识别成交信号

在销售过程当中成交信号最容易通过语言表达出来，这也是最直接的方式。一般情况下，有丰富经验的销售员都能通过对客户的密切观察及时、准确地识别客户通过语言信息发出的成交信号，从而抓住成交的有利时机。

在谈判过程中，语言是客户流露内心购买意向最直接的方式。所以除了对客户行为及表情仔细观察，销售员还要特别注意倾听客户语言，并作出认真分析，准确及时地识别客户语言中的内在含义，抓住其中的成交信号，从而寻找成交时机。

1. 某些细节性的询问表露出的成交信号

当客户产生了一定的购买意向之后，如果销售人员细心观察、认真揣摩，往往可以从他对一些具体信息的询问中发现成交信号。他们向你询问一些比较细致的产品问题，比如，询问价格问题，有没有打折、产品的使用方法、其他厂家相同产品的价格、售后服务怎样这些问题的时候，无论客户最终会不会购买，这都表明客户对产品有兴趣，有购买意向，当然，不同的客户表达方式有差别，但销售员对此都要作出积极的反应，不要让任何一个潜在客户流逝。

2. 某些反对意见表露出的成交信号

真正有购买意向的客户才会提出一些反对意见，对产品没有兴趣的客户反倒不闻不问。客户质疑，是因为他们希望自己能购买称心如意的产品。比如他们对产品的性能提出质疑，对产品的销售量提出反对意见，对产品的某些细微问题表达不满等。当然了，客户有时提出的某些反对意见可能是他们真的在某些方面存在不满和疑虑，销售人员需要准确识别成交信号和真实反对意见之间的区别，如果一时无法准确识别，那么不妨在及时应对客户反对意见的同时，对客户进行一些试探性的询问以确定客户的真实意图，例如：

当客户产生购买意向时，通常会通过一些细节性的询问表现内心的购买意向。这些细节主要有：

(1)询问产品某些功能的使用方法。

(2)打听交货时间。

(3)询问产品赠品或附件。

(4)询问产品具体的保养及维护方法。

(5)询问售后服务。

(6)询问产品在客户中的反响。

因为客户不同,产品不同,具体情况不同,客户的语言表现也会有所不同。但是当客户已经开始询问以上这些有关产品的实质性问题时,大多已经表明其有了购买意向。这时销售员就需要迅速作出积极的反应,及时回答客户提出的问题,并抓住时机向客户强调产品优势或是进一步拉近产品与客户的距离,从而增加成交机会。

自曝其短,获得客户的绝对信任

有些时候,客户对销售员心存偏见,不敢相信销售员,也并不是没有缘由的,有些销售员在推销产品的时候,总是报喜不报忧,甚至刻意隐瞒产品或服务的缺陷:当产品还在测验阶段的时候,运行并不稳定,却说产品绝对经过了市场检验,可以放心购买,这不是销售技巧,而是歪曲事实;为了拿到订单,交货日期明明最起码要一个月,却说只要二十天,这不是销售技巧,而是歪曲事实;你负责销售的电脑辐射很大,为了销售出去,却说电脑的辐射是行业里最小的,这不是销售技巧 ,而是歪曲事实;当系统在试运行时不太稳定,却说系统上线会很稳定,这不是销售技巧,而是歪曲事实。

很多销售员认为有时候歪曲一下事实是“聪明”的表现,是自己好口才的重要表现,因为客户相信了。但是殊不知,客户迟早会发现问题,给销售造成障碍。所以每一个销售员都应该明白:诚信是维持友好客户关系的根本，只有以诚实的态度和恳切的心情去与客户打交道，才能拥有更多客户，销售工作才能更好地进行下去。

销售员还必须明白，真正的销售技巧，就是要让客户长期信任你，为此，销售员有时候不妨自曝其短，诚实地告诉客户产品的真实情况，才会获得客户的信任。

销售情景：

一家医院和一个药厂合作了很多年，可是突然决定不再使用那个药厂的产品了。原来，药厂的一位销售员到医院去向医生介绍一种治疗风湿病的药，他对那位医生说："张医师，只要有了这种药，保证你们医院所有的风湿病人都可以被治好。"

医生听后很生气，说："你还真敢吹牛。把我当傻帽儿啊，风湿病是无法根治的，以后我们医院再也不用你们厂的药了，你走吧。"销售员只好悻悻地走了。

分析：

情景中，销售员所犯的错误很明显，没有如实、客观反而夸大说明产品的功效，而他忘记的是，和自己合作的是医院，医院对所有药品的性能和功效都有一定的了解，况且，他犯的还是常识性错误，自然会引起客户的反感，生意失败也在情理之中。相反，如果这位销售员能够实实在在地说明他们药物的作用，比如"张医师，我们通过大规模的实验证明，这种药物对绝大部分的风湿患者能有效减轻症状，这里有一份报告，您可以看一下"。或许那位医生还可以考虑一下。而他所夸大的事实正好是医生的专业所在，这就怪不得医生会生气了。

销售员以为将产品的功效越放大，客户就会越信任，购买的希望就越大，其实，这是一种错误的想法，很多客户其实有时候比销售员更专业，对产品的实际功效也有一定的了解，吹嘘产品功效只能是耍小聪明，还会让客户憎恶,赶走生意。实际上,销售员不妨以诚待之,这才是真正的销售技巧,那么,具体来说,销售员应该怎样做呢?

1. 尊重事实,不夸大其词

没有哪个客户不想买到效果好的产品,但也没有哪个客户愿意购买名不副实的产品。事实上,在销售过程中,有些销售员为了吸引客户,刻意夸大产品的性能和功效,比如“用了我们公司的化妆品,保管您十天之内会年轻二十岁。”“吃了我们公司的减肥胶囊,您在一周之内一定会减掉十公斤。”销售员在介绍产品时只顾吹嘘,让客户购买自己的产品,却忘记了尊重事实。其实,任何产品有其功效,但也并不是完美的,销售员应该正确认识到这一点。如果想让客户与你保持长久的友好联系,你就要如实地向客户介绍产品。

2. 巧妙地告诉客户真相

其实,告诉客户一些产品的真相,也是讲究技巧的。告诉客户事情的真相并不是说,销售员要将所售产品的问题简单地罗列在客户面前。如果销售员冒冒失失将产品的某些缺陷告诉客户,客户可能会因为接受不了这些缺陷而放弃购买。如果销售员掌握一定的技巧,不仅可以赢得客户的信赖,还可以更有效地说服客户,使客户产生更加积极的反应。

因此,有些问题虽然可以说出,但却不能一股脑地全部抛出,而应该在指出这些问题的过程中运用一些技巧,这一点销售员们要特别注意,比如,你可以转移话题,告诉客户产品其他方面的优点,许多时候,当你运用恰当的技巧诚恳地解释清楚个中原委时,明理的客户不但不会产生情绪,反倒会被你的诚实可信所打动。

3. 主动说出一些小问题

一些客户一听到“推销”两个字就躲之不及,其实,这也是有一定原因的,一些销售员为了尽快实现成交,会把产品的优势说得天花乱坠,但是对于产品固有的缺点和不足,他们则会百般掩饰和隐瞒,很多客户在购买产品以后,并没有预期的效果,于是,对整个销售员这一行业也就有了误解。其实，如果产品明明具有某种缺陷，而销售员执意隐瞒、不敢承认，那么一旦客户发现真相，即使销售员做再多的解释，都很难挽回客户的信任。

毕竟客户也明白，从来就不会有完美的产品，如果你自始至终只提到产品的优势，而对产品的不足只字不提，那你推销的产品不仅不会在客户心中得到美化，反而会引起客户的更多疑虑甚至反感。

聪明的销售员一般会“不打自招”，为了打消客户的疑虑，他们一般会主动说出一些产品的不足之处。但我们要注意，在说这些问题的时候，态度一定要认真，让客户觉得你足够诚恳，但是这些问题的内容一定是无碍大局的，不影响产品给客户的整体印象。例如，某些技术型的产品外观不是特别好，如果你能先提出，反而会使那些理智型或挑剔型的客户更快对你产生好感，这样接下来的沟通也会更加通畅。

一个优秀的销售员绝不会卖弄他的口舌和手腕去欺骗客户的，因为这样是不会实现长久成功的。不歪曲事实，同时用好销售技巧，你才能得到客户的信赖，做好销售，同时为你及你所代表的公司树立良好的信誉，

4. 帮助客户解决问题

实际上，任何产品都有自己的不足，有时候，当客户购买产品以后，发现出现问题，这时候，销售员要主动站出来承认错误，并主动帮助客户解决问题，这样不仅为客户减少了麻烦，帮助他们改善或有效地解决了眼前的困境，客户可能不但不会追究责任，还会被你的责任心打动。当下一次客户购买的时候，一定还会购买你的产品，这时候，他就是冲你的人，而不是产品了，即便你不作过多的介绍，客户也会对你的产品情有独钟、充满兴趣，从而产生购买的想法。

真诚建议，把客户变成死党

没有人永远是在扮演同一个角色，就拿销售员来说，可能在生意场上或

者商场上我们是销售员,但在生活中同样也是客户,谁不希望买到称心如意的产品,谁不知道“只选对的,不选贵的”这个道理,我们的客户何尝不是这样想？如果我们为了短期的销售业绩,给客户推荐最贵的产品,诱导客户购买大大超出需求或用不着的产品,却不管产品是否符合客户特点,那么最终只能被客户埋怨,甚至还会断绝客源和财路。

所以每一个销售员都应该清楚:对每一个客户都应该真诚建议,让客户信任你,只有推荐最适合客户的产品,才能令他们真正满意,才会成为你的死党,才会成为你最忠实的客源。

销售情景:

客户:“我觉得那套棕色木质家具看起来比较大方,而且我一直比较喜欢木质的东西……”

销售员:“请问您家的客厅有多少平方米?”

客户:“我家客厅有30平方米,应该能放得下。”

销售员:“您看一下这套家具的宽度,放在30平方米的客厅里是不是会让剩余的空间太狭窄了,其实主要是我们这里这个展厅比较大,很多人一进来就相中了这套家具,实际上那套小巧玲珑的家具更适合年轻人,而且价格也比刚才那套实惠很多。”

客户:“你说得对,我还是买这套小一点的吧。”

分析:

情景中的销售员就是个优秀的销售员,虽说给客户推荐贵的家具所获利润更多,但是从客户角度考虑,他还是推荐了适合客户的较小的家具,实在难能可贵。这样的销售员不愁生意不好,因为他能为客户着想,客户感受到切身利益被人关心后,自然会把销售员当成死党,或许下次客户来购买产品的时候,就直接找这位销售员了。

那么在向客户推荐产品时,销售员具体应该如何做呢?

1. 提供真诚的建议

没有哪个销售员不愿意有高利润的生意做,于是,一遇到财大气粗的客户,很多销售员就认为财神爷来了,就会乐呵呵地宰上一把,把最贵、最好的产品都推荐给客户:“当然是这种价格高的质量好了,一分价钱一分货嘛,价格贵,自然做工精细,技术含量高。这才是整个公司的重头戏,那些价格便宜的都是为了搭配这些质量上乘的产品卖的。”而那些真正优秀的销售员则会告诉客户如何选择适合自己的产品。要成为一名出色的销售员,先要做一个有道德的人。

对于客户对自己的需求比较模糊和不准确时,销售员要站在客户的立场上提供真诚而合适的建议。如果客户认为自己需要的某些产品或服务并不适合他们,而他们先前不看好的产品才真正可以满足其需求,这时推销员就应该根据客户实际需求在沟通中认真加以分析,然后提出最符合客户需求的建议。

2. 让客户有脸面

有时候,客户有自己一定的购买能力,希望销售员可以给自己找一个台阶,从而可以在自己能够接受的范围内选择较好的产品,但有时候由于销售员的话语往往让客户骑虎难下,最终有可能放弃购买。下面就是一个典型的例子:

在美国零售业,有一家知名度很高的商店,它就是彭奈创设的“基督教商店”。彭奈的第一个零售店开设不久,一个中年男子到店里买搅蛋器。

店员问:“先生,您是想要好一点的,还是要次一点的?”那位男子听了显然有些不高兴:“当然是要好的,不好的东西谁要?”

店员就把最好的一种搅蛋器拿了出来给他看。男子看了问:“多少钱?”

“120 美元。”

“什么? 这么贵! 我听说,最好的才六十几美元。”

“六十多美元的我们也有,但那不是最好的。”

“可是,也不至于差这么多钱啊!”

“差得并不多,还有十几美元一个的呢。”

男子听了店员的话,面色更难看了,想立即掉头离去。彭奈急忙走了过去,对男子说:“先生,您想买搅蛋器是不是,我来介绍一种好产品给您。您看一看,式样还不错吧?”

“多少钱?”

“54 美元。”

“照你店员刚才的说法,这个不是次等的吗,我不要。”

“我的这位店员刚才没有说清楚,搅蛋器有好几种牌子,每种牌子都有不同档次的产品,我现在拿出的这一种,质量不错,性价比高,而且体积小,最适合家庭使用。府上有几口人?”

“五口。”

“那再适合不过了,我看您就买这个回去用吧,担保不会让您失望。”

彭奈送走顾客,回来对他的店员说:“你知不知道你今天的错误在什么地方?”那位店员愣愣地站在那里,显然不知道自己的错误。“你错在太强调‘最好’这个观念,顾客需要的不一定是最好的,他需要的是一个适合他的产品,然而你一开始就把他推到了一个不得不买最好的位置上,让他感觉骑虎难下。假如你想做成一笔生意,就一定先要了解顾客的需求。”

虽然大部分商品的价格与质量是成正比的,价格越高,质量越好,但也不乏价廉物美的商品,况且,每个客户心中都有自己预定的价位和商品:对于那些可以称为富翁的客户,大多数是东西都买最好的,而对普通消费者来说,只要适合自己的就是最好的。

3. 重视客户的利益

销售虽说卖的是产品,但更是要说服客户,这不仅需要较好的语言技巧,更重要的是要掌握正确的原则:抓住客户的切身利益展开说服工作,即“站在别人的角度,说自己的话。”

每个人在与人沟通的时候，都会有自己的立场，如果与对方的立场相悖，就会形成沟通的对抗。聪明的销售员应该学会和客户站到同一个立场上去，并从客户的角度出发去思考问题。

一家高档服装店来了两位顾客，要买一套最高档的西装。销售员马上把一套西装取下来，十分和气地把衣服递了过去。试衣服的顾客身材很高大，西装穿上有些显小，一般人都觉得不合适。可销售员却不断地说："不错，挺好的！"只见两位顾客交换了一下眼神，试衣服的顾客把衣服放下就走了。一心只想把衣服推销出去而不顾及顾客的需求，结果适得其反。

伟大的销售员总是会在第一时间考虑客户的要求，一旦你掌握了这种方法，你的工作就能够更顺利地进行，并且你做成的不只是一笔生意，还赢得了一名忠实的客户，忠实客户给你带来的利益是不可估量的。

让客户成为你的兼职推销员

聪明的销售员所做的工作绝非仅限于推销自己的产品，他同时还是一个善于经营人际关系的交际红人。他们有能力将客户变成自己的兼职推销员。其实，任何销售员都希望老客户为自己介绍新客户，因为这样一方面可以节省自己开发客户的时间和成本，另一方面由于老客户的介绍会对产品起到信誉保证作用，所以他们介绍的客户成交率更高。

一般来讲，如果老客户对销售员没有十足的信任，对产品没有高度的认可，他是不会主动给销售员介绍新客户的。作为销售员，要学会掌握一定的能力和技巧，赢得老客户的信任和好感，争取让老客户为你介绍新客户。

客户与销售员很难在工作、背景、年龄、想法，甚至价值观上达成一致，与客户形成不冲突的关系已非易事，更何况与客户形成密切的关系，让客户为我们所用，销售中，经常有销售员郁闷地问："人们对销售员的态度为什么这么差呢?"有人回答："因为销售员对顾客也不好。"因此，销售员要想拥有源源不断的客户，想要让现有的客户为你打开销售局面，就需要赢得客户的信任和喜爱，让客户可以在别人面前替你说好话，成为你的兼职推销员。这就需要销售员把握好时机，掌握好语言分寸。

销售情景1：

客户："好的，听完你的介绍，你们的产品的确不错，我们决定了，就订一百套这样的机器吧。"

销售员："太好了！谢谢您，哦，对了，李总，您还要什么朋友也有这样的需求吗，可不可以为我引见一下啊?"

销售情景2：

客户："好的，听完你的介绍，你们的产品的确不错，我们决定了，订一百套这样的机器吧。"

销售员："太好了！非常感谢您成为我的客户，也请您放心，我们的所有售后工作都会做到位的，会让您满意的。你选择购买我们的产品，也是一个正确的选择。我希望我们以后还有更多合作的机会。对了，还真麻烦您一件事，您周围还有什么人可以购买我们的产品吗？当然，价格方面，我们也会很优惠，也会提供最优质的服务，这一点，您可以放心。不知道，我这一请求是不是唐突了?"

分析：

从以上的两个情景可以看出，明显情景2中的销售员的做法更到位，因为在刚刚成交时，销售员最好不要要求客户为你提供新的客户信息，而要重点向客户讲述你成交后将采取什么售后服务措施，使客户满意并获得信任，这样自然而然地客户就会向你介绍新客户。

那么，销售员在让客户为你介绍新客户时，应该注意哪些问题呢？

1. 争取和客户做朋友，拓展人脉

有人说得好，销售不仅仅卖的是产品，还要打好人际关系。真正成功的销售员，会利用自己周围的人脉做生意，而且生意做得更轻松、简便，他们会在周末闲暇的时候，约上老客户一起钓钓鱼、打打球，慢慢地，这些老客户就成了他的朋友，信任他、愿意为他效劳，成为他的免费推销员。而他的人际关系网也会越来越大，销售业绩自然也就越来越好。所以，销售员要想扩大自己的销售范围，就要学会利用现有的客户，与客户做朋友，多与客户保持联系。久而久之，他们自然而然地会将自己的朋友介绍给你。

2. 服务至上

要想让你的老客户成为你的兼职销售员，你对他提供的服务就要做到面面俱到，不能有一点怠慢，无论你做了什么，客户都会看在眼里，记在心里，长此以往，客户自然会对你的人品、工作态度和服务质量予以肯定，当客户对你信任以后，有时候，不用你请求，他也会把你介绍给周围的朋友。要知道，这是最好的新客户推荐方式，节省了大量的寻找客户和宣传的时间和精力，销售工作做起来也容易得多。

3. 多关心客户

与客户打好关系，有时候更需要销售员提供超值的服务，当然，这里的超值服务，是在不损失自己和公司利益的前提下进行的。有时候，一条问候的短信或者节日时的一个小礼品都能激起客户心中感动的情怀，但销售员要明白，这些问候和关心都不要和商业交易挂钩，否则会让客户产生反感情绪。总之，用心交朋友，用心卖产品，客户便会感受到你的诚心，甚至与你交心，自然也就会帮你作宣传。

4. 给客户一些好处

给客户一些好处，是最实实在在的能拉拢老客户的方法，毕竟，人们很多时候，更愿意相信那些具体的利益。

5. 时机很重要

很多销售员在实现成交后，觉得客户还比较友善，此时的时机不能错过，便借机向客户提出介绍新客户的要求，其实，这种想法是不正确的，客户购买你的产品，对你表示友好，但并不代表他已经信任你。事实上，他只是承担了可能购买带来的各种风险，而他不会把这种风险带给周围的人，除非，他在试用过后，体验到了产品的好处。客户是否给你介绍新的客户，不仅要看平时接触过程中你给他留下的印象，还要看你提出为自己介绍新客户的时机是否正确。那么在哪些时机提出才最合适呢？准确地说，是在客户已经信任销售员的时候。

如果你本人以及你的公司已经在客户那里得到了认可和信任，那么你在请求客户帮忙介绍其他客户时，最好的办法是要求客户为你的产品和服务作证。告诉客户，你或者公司希望他能够把自己的购买意见和认识告诉潜在客户。如果客户同意，销售员接着提出以下问题。

如果你与客户相处得非常好，客户会认真对待你提出的问题，而你要做的就是认真倾听，并把有价值的信息记录下来，进一步完善自己的客户资料。如果客户对于你提出的问题正面的多与负面的，此时你就微笑地对客户说："汪经理，我们的产品和服务既然都不错，那么，你周围的人有没有需要的呢？"多数情况下，客户会哈哈一笑，然后为销售员介绍几个他周围的朋友。当然，如果客户毫无回应，或者反而对你抱怨起来，那么你就要想到现在还不是客户为你介绍新客户的时机。

当然，如果你的产品和服务都非常优秀，价格也合理，有时不用你要求，客户也会介绍他身边的人找到你，这就是所谓的口碑营销。

虽然对待不同的客户有不同的方法，但有一点是不变的，那就是必须处理好与客户的关系，与他们交朋友，得到他们的信任，甚至欣赏，这样才有可能通过他们找到新客户。

故意犯错，让客户先暴露自己

在销售过程中，无论是买方或者卖方，谁先暴露自己，谁就在谈判中处于弱势，这就告诉销售员，在与客户成交的过程中，首先，不能暴露自己；其次，不妨故意犯错，然后令客户大意，抓住其"小尾巴"。

销售情景：

一位先生来查克的店买电脑。

查克说："先生，我要告诉您，我认为您现在的电脑还是配置很高的，运行起来应该也很不错吧！您是不是以优惠的价格买到的这台电脑？"

客户："事实上正是如此。"

查克："我敢打赌，这笔交易肯定对您十分有利。"

"是啊，当时是一个老朋友帮我买的，他是这方面的行家，我很信任他，他也是从熟人那里买的，价格比别人便宜很多，可惜前些天他出国了。"

查克说："这的确是一笔对您有利的交易。"

"先生，我很高兴您能来访，让我来为您评估一下，您的旧电脑能折价多少钱，如果电脑没有什么人为的损害，性能还和刚开始买的时候没有多大差别的话，我现在就能给您答复，我们马上就能协助您更换新电脑，我们有数量相当可观的产品供您选择。"

查克约花了15分钟的时间，精细地评估客户的电脑后，打开电脑，检查了很多零部件。

"先生，这真是我所见过的很不错的电脑，和新电脑没什么两样啊。事实上它的内部情况较外观更好。可我有点儿迷惑，为什么您要更换新电脑呢？难道是这电脑哪里出现问题了吗？但是请您不要误会，我经验尚浅。"

客户："查克，让我告诉你实情吧，再过两天，我的女儿就要从英国回来了，这次刚好她生日，她一直想要一台电脑，而我又不怎么用，把我这台旧的给她不好。所以，希望能换一台新的给她，就当生日礼物。”

查克显然认为这是件好事，但他并未作出任何表示，当然他并不需要这么做。他只是取出计算器，开始进行估价，他的脸上依然带着那得意的微笑。

几分钟过后，查克将视线移到客户身上，以兴奋的语气告诉他：“先生，我有一个好消息要告诉您，因为您电脑的状况良好，而我们又刚好有电脑可以交货，您今天就可以以500美元换新的电脑了。”

“喔！喔！查克！这可是一大笔钱！”

查克：“先生，我们已经给予您旧电脑1000美元的折价，您的电脑已使用了半年了。”他又看着客户，并且以轻柔的声音表示，“您不可能再得到更公道的价格了。”

客户：“那好吧。”

分析：

销售员查克之所以有把握客户会在自己出价的情况下答应成交，是由于他用自己小小的谎言，探出了客户的口风，知道客户两天后就需要一部新电脑。

了解客户的意图是销售员何时何地都要做的工作，在成交时，只有抓住对方内心的真实想法，才能找出应对策略，也才能让谈判朝着自己有利的方向发展。销售员有时不妨故意犯点小错，让客户“不打自招”，主动说出自己的成交意向。但在实施这一策略的时候，销售员要注意以下两点：

1.要隐藏好自己

隐藏自己，就是不要暴露自己，需要销售人员在与对方接触的时候，注意自己的言行，不要轻易外露。

谈判中尤其是商业谈判中要注意保护自己的信息，不要让对方了解自己的底细，否则会陷入被动。聪明、富有经验的谈判者往往会在谈判的时候千方百计地隐藏自己的信息。

2.故意犯错不能违背诚信的原则

谈判中用的应该是技巧，而非不切实际的欺骗。讲信用是成功进行推销的一个基本因素，因为没有人愿意和不讲信用的人打交道，也就更谈不上什么交易关系了，所以，销售人员在进行口才展示时，务必要注意这一点，要不断地去表达"信用"，强调"信用"，特别是在熟悉的客户面前，这种信用更是成功销售的催化剂。即使事后客户发现你用计了，也只会佩服你的智慧，而非怨恨。

展示实力，让客户主动成交

生活中，人们总是不自觉地希望可以与强者、实力强的人联系，仿佛这样会更有面子，自身的利益会更有保障，实际上，销售活动中，亦是如此，客户都希望与自己合作的销售方实力强大，好像这样产品的质量也得到了保证，实际上，客户并不一定能从中得到任何的价格优惠和更好的服务。

因此，在销售谈判中，更多体现的是实力的较量，实力强的一方自然会处于谈判的优势地位，这也给销售者一定的启示，谈判中，要尽量展示自己的实力。

销售情景：

上海有一家律师事务所，规模并不大，可是，这家律师事务所有一位很出名的律师。有一次，有家大型的公司需要聘用几个法律顾问。当时，参加甄选的有很多实力雄厚的单位，这家小事务所也参与了竞争。在协商谈判的过程中，正当大家争吵得很激烈时，这家小事务所的代表站起来，说了自己想说的几句话："我想各位应该认识××教授吧，他目前供职于我们事务所。"这时，他停顿了一下，扫视了一下在场的其他谈判代表，只见大家都哗然，这一句话把大家怔住了。接着，他胸有成竹地说："我可以告诉大家，我们事务所已经成为目前国内几家大型公司的全权代理事务所，而且，律师界的另外几位权威，也即将为我们助力。”

最后，大家一致同意让这家事务所来担任这家企业的法律顾问。

分析：

在这场多方争夺的谈判中，这家小事务所的代表之所以能够取得谈判的成功，只能归结为两个字：“实力”。同样，在销售中也是这样，从客户心理角度看，与有实力的人合作，更保险、更有保障。掌握客户的这一心理，在谈判桌上，销售员就一定要让客户感受到这种实力。而强大的谈判实力不是天生的，需要付出相应的努力或者代价才能获得，而谈判之前的充分准备工作是在谈判桌上能够体现谈判实力所必不可少的。此外，使用实力对抗法的谈判策略，还需要时刻注意分寸，在表现自己实力的时候，万不可专横霸道，伤了彼此之间的和气。那么，在销售谈判中，销售员如何展示自己的实力呢？

1. 要有自信

自信是实力的最好体现，一个相信自己、相信自己产品的人总是神采飞扬、说话掷地有声的，能大方、简洁、明朗、恰到好处地把自己的观点传递给对方。对方听到这样的话语，往往也会有美的感受，能够激起对方的兴趣。在谈判中，销售员要记住以下说话注意事项：

(1)语调不卑不亢，声音响亮，传达自己的自信。

(2)说话有条理，吐准每一个字，让对方听清楚你说的是什么，将自己的想法和意见明朗地告诉对方，有谁愿意听一个连自己意愿都表达不清楚的人说话呢？

(3)节奏适中，把握好语速与语调。

(4)调整自己说话的分贝。音量适中的语言才有感染力，声音太大或太小，都会使对方丧失兴趣。

一个充满自信的人，才会获得别人的认同，销售员要想展示自己的实力，就必须自信，相信自己，相信你的产品。在谈判时，没必要胆怯。相反，自信地介绍自己的产品,自信地与客户交涉,让客户看见你的实力,从而放心地购买,完成谈判任务。

2. 用产品质量说话

任何产品,想要在市场上站住脚,质量是硬道理。销售员在成交过程中,适时地展示产品的质量和功效,有时候比过多的言语更有效果。

有一位卖地板清洁剂的销售人员到一家饭店去销售,刚推开经理办公室的门,就看见已经有一家公司的销售人员在与经理谈,并且经理正表示准备购买。后进去的销售人员看了看对方的产品后说:“经理,我也是销售清洁剂的,而且我的产品清洁效果非常好!”接着后进去的销售人员便把自己公司的清洁剂倒了一些在地上,用随身携带的抹布擦了擦,地上很久都擦不掉的油污不见了,地板变得干干净净。先进去的销售人员手足无措,不知如何是好。这时饭店经理马上向这个后进去的销售人员了解他的产品的情况,询问了价格等,当即拍板买了几箱后进去的销售人员的清洁剂,并且在此之后一直用此人的产品。这位销售人员没有用多么精彩的言辞去说服对方,而是就地展示自己的产品质量,就很快地说服了饭店经理改变初衷,转而订购他的产品。

一些商业谈判中,谈判人员会让对方考察自己的生产基地,其实,这不仅仅是为了表达诚意,更是一种实力的显现,因为实质上,谈判就是一种实力的较量,赢得胜利的一方也就是实力强的一方。

善于在服务中挖掘客户的新需求

无论哪行都一样,有创新才会有突破,缺乏个性就难以取得成功。销售行业的确需要经验,但一味地模仿别人的推销方式,也只能甘于平庸。优秀的销售员绝不会有“应该怎么样”之类的想法，因为他们没有固定的推销模式，他们会根据具体的销售情景灵活变通，适时地转换自己的推销方式，甚至可以一箭双雕，和一个客户做几单生意。而平庸的推销员无论对哪种顾客，总是用同一种方法推销产品。他们的推销方法一成不变，说的是同样的话，做的是同样的事，一点儿创意都没有。

很多销售员是这样做的：与客户实现成交，接下去就该是准备售后服务了。这个做法一点也没错，但你有没有想过，客户会不会也需要你的其他产品呢？其实，当你们双方建立了良好的关系后，进一步去挖掘客户新的需求，并针对这些需求展开进一步的销售，成功率往往是很高的。

销售是一种富有创造性的职业，对适合它的人来说是一种挑战并能不断促进个人发展；那些只会按部就班地完成销售任务，不能主动影响客户的销售员一般只会让自己陷入单调的销售生活中，销售业绩越来越差，最后甚至让自己的销售生涯越来越暗淡。而那些优秀的销售员通常眼光更长远，在满足客户已有需求的情况下，还会挖掘客户更深层次的需求，刺激客户的购买欲望，调动客户的情绪，引导客户消费更多的产品。

所以，作为销售员，应该适时改变推销方式，用我们的专业智慧在服务中不断挖掘客户新的需求。

销售情景：

曾经有这样一个销售故事：

有一个年轻人，应聘到一家百货公司做业务员，刚过了一天，小组组长就视察大家的业绩，以新员工的标准，大家的任务是20~30单的生意，基本上大家都达到了，而年轻人只做成了一单生意，当组长不满意地问这个年轻人“你卖了多少钱？”的时候，大家吃了一惊。

“30万元。”年轻人回答说。

“你怎么卖那么多钱？”大家都吃惊地议论着。

“是这样的，”年轻人说，“一位先生进来买东西，我给他一个小号的鱼钩,然后是中号的鱼钩,最后是大号的渔线。我问他上哪儿钓鱼,他说在海边,我建议他买条船,所以我带他到卖船的专柜,卖给他一艘帆船,然后他说他的汽车可能拖不动这么大的船,于是我带他到汽车消费区,卖给他一辆丰田新款豪华型'巡洋舰'。"

这些业务员和组长听得目瞪口呆,几乎难以置信地问道:"一个顾客仅仅来买个鱼钩你就能卖给他这么多东西?"

"不是的,"年轻人说,"他是来给他妻子买针的,我就告诉他'你的周末算是毁了,干吗不去钓鱼呢?'"

分析:

上面的这个销售情景可能在现实生活中很少发生,但从这个情景中,我们却可以领悟出一个道理,如果客户来购买 A 商品,并不就说明他只需要 A 商品,只要我们善于挖掘,我们还可以让他买走 B、C、D、E 商品……

在销售活动结束后,为客户准备售后服务是销售员的常规思维,但实际上,有时候客户还有新的需求需要销售员去挖掘,这并不是贪婪之举,无论对于销售员还是客户,都是双赢之举,何乐而不为呢? 所以,实现了既定销售计划之后,再深入一步发掘客户的新需要是强烈进取心的体现,也是对自己和公司,以致对客户负责的表现。

挖掘老客户的新需求有众多益处,那么如何去发现这些新需求呢?

1. 善于观察,网罗信息

销售员可以通过各种渠道获取客户各方面的信息,并将这种渠道拓宽,同时,销售员也可以根据自己以后的资料进行分析,找出突破口;再者,销售员还可以在第一轮销售中敏锐地观察客户,从字里行间捕捉到客户的新需求……只有这样才能更充分、准确地把握客户的实际需求,为做好进一步的推销工作,提供更有力的保证。

2. 掌握时机,适时提出

让客户购买、达成交易已属不易,所以,在提出再次交易需求的时候,销售员一定要掌握好时机。比如,你最好在轻松、愉悦的环境中提出要求,这样不会让客户感觉到销售员对他施加的压力,而且也不会让客户认为我们赚钱的目的性过强。如:“听说贵厂正在扩大生产规模,不知道新员工培训方面,我们能不能帮到您?”

此外,在向客户提出再次交易要求的时候,别忘了以诚相待,让客户看到你的真诚,要用“一切都是为了您好,替您着想”的口吻来询问,这样会让客户更容易认可我们,如:“贵公司新开的厂房应该加一些比较先进的设备,以弥补现阶段的不足。”

3. 进行新一轮谈判

当销售员确定客户有新的需求,并有购买意向时,销售员就要做好准备,进入新一轮的谈判,在之前交易的良好基础上进一步说服客户,促成交易的最终完成。

在新一轮谈判的过程中,销售员要紧紧围绕客户的需求,利用之前的交易基础,牢牢抓住客户的心,这样才有助于销售活动的顺利开展。

值得特别注意的是,在谈判过程中销售员不能急功近利,给客户的成交压力越大,成交越难完成,不利于长久的发展。

4. 再次推销中注意态度和语言技巧的运用

销售员进行第二次推销,很容易让客户产生情绪,认为销售员贪得无厌,要想让客户打消这种想法,销售员就一定要注意语言技巧的运用,更要随时注意客户的态度。比如,对于那些疑心较重的客户,销售员可以这样说:“贵公司这几年发展很快,听说最近又要再新开几家连锁店,那么,一定要选商机较好的地段吧。”销售员最好不要直接地进行询问,而要一面通过巧妙的旁敲侧击了解相关信息,一面留心客户的反应。而对于那些慈眉善目的客户,在前段销售过程中,对成交结果就比较满意,对待新一轮的交易,销售员倒是可以这样说:“除了合金制作的乐器,我们公司还专门针对高档乐器商店设计了很多优质的木制乐器,现在这种木制乐器特别畅销,您可以先看一看它们具体的制作工艺,如果您比较感兴趣的话,咱们今天正好有时间谈一谈……”销售员要用诚恳的态度向客户进行询问，而且要向客户表明你及你的公司愿意与其保持长期友好合作的愿望。

适当让步，最好的结局是双赢

销售员业绩的来源主要还是来自于成本和售价之间的差额，虽说销售员不能肆意地提高价格，赚取高额差价，但在谈判的时候，销售员应该尽量争取，当客户要求让步的时候，要适当，不能为了销售量而忽视了销售额。因此，任何一个谈判者对即将举行的谈判都要做好心理准备，以适应谈判场上变幻莫测的各种情况，不同的矛盾有不同的让步方式。

销售情景：

小苏是一家汽车零配件生产商的销售员，最近，他要销售一批轮胎给一家大型汽配城，小苏第一次报价是500万元。对方先开口说：“据我们所知，贵方这个报价有些虚高了，显然是在试探我方，请将贵方的真实报价呈上。”于是，小苏给他降低了20万元，成了480万元。这时对方又说：“我们比较过同类产品的价格，贵方这个价格还是有些偏高。”于是小苏又降到了460万元。然后对方又说：“我们两方是第一次谈生意，再给我们优惠一些吧。”于是小苏又降到了450万元。这时，小苏已经感觉不能再降了，可是客户还没有成交的意思。

分析：

我们发现，情景中的销售员小苏，他的做法是错误的，他在价格上的让步导致他在谈判中的主动权一步步丧失。我们可以想象一下，假如频繁地降价，对方就会这样想：原来让他们降价这么容易，那肯定报价的时候就有问题,我何不趁机多降几次价?于是,销售员每一次的降价都放大了对方的欲望,对方只会对你的底线步步紧逼,直到将其攻破。既然只要这样做就能得到相应的利益,他们当然要多为自己争取些东西了。同样,反过来想,如果我们适当地降价,能坚持自己的立场,绝不随意向对方降价,对方可能还会敬重你是个有原则的人。

在销售成交时,价格问题一直是销售员头疼的问题,如何向对方让步也令一些销售员束手无策。把让步作为谈判中的一种基本技巧、手段加以运用,这是让步策略的基本意义,而了解让步的形态和选择合适的策略是运用好让步策略的基础,以下是给谈判者提出几点让步的策略:

1. 使对方首先作出让步

谁先让步也是让步策略中的一个问题,很明显,谁先让步,谁更容易失去谈判的主动地位,因为首先让步的一方必定是在心理上已经处于劣势了,所以,销售员一定尽力让客户先作出让步,即使你非让步不可,你也要在能得到一些回报的基础上作让步。

2. 给对方一个让步的理由

很明显,先做出让步的一方会在心理上有压力,而且会损失面子,销售员一定要学会找出有利于双方的一个台阶,然后顺势让客户作出让步。比如,为他人的让步尽量保守秘密等。

即使是老练的谈判专家,有时候也不得不作出让步。不过在这种极为不利的形势下,仍得设法应付,以保住谈判的主动权。在这种情况下,最重要的就是应先向对方详细说明之所以让步的理由,让对方了解,你并非因为立场不稳,或是所提出的主张不够正当才作让步的。

3. 做好让步计划

销售员要明白,让步是谈判中不可缺少的一部分,要想谈判成功并获取最大利益,你就要学会如何巧妙地计划出你的让步内容和步骤,因为让步并不是无规律可循的,未雨绸缪,有计划地做事,才会让事情多一份胜算。

4. 善于观察,探对方口气

在谈判中,销售员如果过早地作出承诺,会很容易陷入被动局面。销售员让步,一定不要在没有预见到长期或短期后果前就作出让步。正确的做法是试探地提示你的让步,然后密切观察对方对你谨慎的提议的反应(口头的或书面的)。可参考的说法如“假如我……你会怎么说?”根据客户的反应以及表现,销售再作出是否要让步、作多大让步的决定。

5. 征求让步条件

不管什么时候,销售员不要忘了互惠互利的原则,即在提出你的让步的同时,要求对方也作出相应的让步。可能的话,在让步之前,应提出某个“交换条件”,告诉对方,“我知道了,关于这一点,我可以作出让步。不过,我希望你也能……”这就表示,让步并非单方的,而是谈判双方“各让一步”。这么做,可以防止谈判的主动权落到对方手中。

6. 让步不能过于频繁

真正高明的销售员在谈判的时候,也并不是不作出让步,而是会作出巧妙的让步,也绝不会让步过于频繁,次数过多。所以,关键的问题不在于要不要让步,而在于怎样让步。

谈到让步,涉及两个方面:让步的幅度和次数,正确的让步原则,不能过于频繁,让步幅度也不能过大,否则,很容易丧失在谈判中的主动权。

在谈判中,人们经常说:喊价要狠,让步要慢。人们总是比较珍惜难于得到的东西,在商战中也同样如此。客户不会欣赏很容易得到的成功,太容易得到的东西他们就不会太珍惜。因此,销售人员要学会让客户努力争取能够得到的东西,即使要作出让步,也不要显得轻易作出。

参考文献

[1]宋立强.推销口才[M].北京:中国城市出版社,2006.

[2]丁兴良.卓越销售的7个秘诀[M].北京:经济管理出版社,2008.

[3]范云峰.换个思维找客户:开拓客户的技巧[M].北京:京华出版社,2003.

[4]郭静林.拜访客户细节训练:41个关键细节决定成败[M].北京:中国市场出版社,2004.

[5]袁华冰.销售员口才技能训练[M].北京:中国纺织出版社,2008.

顶级销售员必读的能量图书

书　　名:超级记忆力训练法

定　　价:32.80 元

内容简介:作者是大脑潜能思维开发培训专家,13 年来一直致力于提升记忆力和思维能力的培训与研究。在本书中,他向读者分享了快速提升记忆力的方法。全书一共 10 章,第 1 章主要是了解我们的大脑,找出记忆力不好的原因;第 2 章讲述开启记忆之门必须掌握的诀窍;第 3 章主要是提升训练思维能力,打破固有的思维定式;第 4 ~8 章分别介绍了链式记忆法、数字记忆法、信箱记忆法、缩编记忆法和英语单词记忆的方法和诀窍;第 9 章介绍了思维导图法的来源、绘制步骤、绘制规则及运用;第 10 章主要是成果检测。按照本书中的方法,练习 21 天后,每个人都能提升记忆力和思维能力 5 ~20 倍。

书　　名:快速阅读训练法

定　　价:35 元

内容简介:本书是作者继《超级记忆力训练法》之后的又一本力作。在本书中,作者详细地分享了练就全脑快速阅读的超级秘诀。本书一共 7 章,第 1 章主要是全脑快速阅读观念的分享;第 2 章是教会大家如何运用 4 大方法进行注意力的集中训练;第 3 章分享的是在全脑阅读训练的时候如何快速激活全脑思维;第 4 章主要是教会大家快速运用超级思维图卡;第 5 章是关于提高眼商的训练方法;第 6 章则是无声阅读的训练;第 7 章是关于 3 大速读方法的训练运用。运用本书中的全脑阅读训练方法,经过一段时间的持续训练,每个人都能成就全脑快速阅读,把自己阅读速度至少提升到每分钟 2000 字以上。